指先を使って感覚が育つ！
親子で夢中になる！

3歳から小学生の
おうち
こうさく

シルク

KADOKAWA

はじめに

こんにちは！
3姉妹を育てながら、身近なもので作る簡単工作をInstagramで発信しているシルクです。
私はもともと工作が大好きですが、ちょっと面倒くさがりで不器用なので、そんな私でも子どもと一緒に手軽に作れるおもちゃを今までたくさん考えてきました。

私が子どものためにはじめて作ってみたのは、「牛乳パックの積み木」でした。牛乳パックを立方体にして中に鈴を入れ、持ちやすいようフェルトを貼っただけのものです。
「子どものために何か作ってあげたい！」という思いがあり、ちょうど軽くて大きな積み木を探していたので自分でトライしてみたのです。
子どもがたくさん遊んでくれたので、とてもうれしかったのを覚えています。

その笑顔がまた見たくて、おもちゃを作る……。
それを繰り返しているうちに、たくさんのオリジナル手作りおも

ちゃができあがっていきました。

この本では、忙しくてなかなか子どものための時間がとれない方や、絵が得意じゃなかったり、不器用な方でも「これならできそう！」と思えるような、簡単に作れて、しかも子どもが繰り返し遊べる手作りおもちゃを44点紹介しています。
材料も牛乳パックや空き箱など、おうちにあるものや100円ショップでそろえられるものがほとんどなので、とってもお手軽です。

子どもにとっては手先を動かしたり、集中したり、考える力など成長を促すポイントがいくつも詰まったおもちゃばかりだと思います。
子どもの「できた！」を見守りながら、一緒に楽しんでもらえたらとてもうれしいです。

2025年3月
シルク

もくじ

はじめに …………………………………………………… 2
推薦のことば ……………………………………………… 9
シルク流こうさくの楽しみ方 …………………………… 10
基本の便利な道具など …………………………………… 12
本書の楽しみ方 …………………………………………… 14

1章 転がす・飛ばすおもちゃ

コロコロタワー …………………………………………… 16
クルルン紙コップ ………………………………………… 18
ビー玉ハンドル迷路 ……………………………………… 20
紙コップ飛行機 …………………………………………… 22
無限∞ビー玉転がし ……………………………………… 24
ポンポン・シューター …………………………………… 26
ぐるぐるビー玉サーカス ………………………………… 28
起き上がりローリング …………………………………… 29
あちこちボウリング ……………………………………… 30

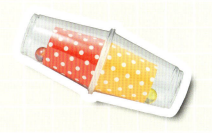

洗濯ばさみビー玉スロープ …………………………… 32
2WAY ワンダーカップ ……………………………… 34

 …………………………………… 37
 …………………………………… 38

2章
ゲームみたいに遊べるおもちゃ

ぴょんぴょんシューティング ………………………… 40
ピンポン・デリバリー ………………………………… 42
ビー玉アスレチック …………………………………… 44
マグネットホッケー …………………………………… 46
カップ de バスケット ………………………………… 48
くねくね迷路 BOX ……………………………………… 49
カップ in カップ玉入れ ……………………………… 50
カップ型クリップシュート …………………………… 52
円盤型クリップキャッチ ……………………………… 54

3章 指先を使うおもちゃ

ひらがなおはじきパズル …………………… 56
じゃらじゃらプレート ………………………… 58
わっかマジック！ …………………………… 61
サプライズBOX ……………………………… 62
カスタネットくまさん ………………………… 64
数並べパズル ………………………………… 66
クルクル回れ！ ゼリーカップゴマ ………… 68
プッシュ de ポットンタワー ………………… 70
クルルン！ 花はじき ………………………… 72
お花の万華鏡 ………………………………… 74

Q&A ③ …………………………………………… 77
Q&A ④ …………………………………………… 78

4章 集中して遊べるおもちゃ

プラカップのクレーンゲーム	80
スティック色合わせ	83
いろどりスパイラル	84
やさしいお花のかざぐるま	86
入れかえ簡単☆マグネット迷路	88
あじさいけん玉	90
ビー玉のカラフル逆さゴマ	93
マグネットクレーンのリング通しゲーム	94
キューブ・パズル	96
ゆらゆらストロートンネル	98
覚えて釣って数合わせ	101
ドキドキ☆ビーズキャッチ	102
中身が見えない迷路	104
絵合わせスティックパズル	106
Q&A ⑤	107
索引	108
おわりに	110

ブックデザイン：根本綾子（合同会社 Karon）
写真：後藤利江（キッズモデル）、當麻 結菜（工作）
ライター：竹林和奈
DTP：山本秀一・山本深雪（G-clef）
キッズモデル：門野煌大、播口蒼太、
　　　　　　　山内いろ葉、小嶋琉莉
　　　　　　　（有限会社クレヨン）
校正：麦秋アートセンター
編集協力：小野めぐみ
編集：石井有紀（KADOKAWA）

推薦のことば

この本を手にされる方が一番得られるもの、それは"笑顔"かもしれません。
子どもはかわいい！　親御さんたちは子育ての大切さも十二分にわかっていらっしゃいますよね。
日々、懸命にお子さんのために奮闘されていることでしょう。
でも、ふと気がつくと、子育ての不安に押しつぶされそうになっていませんか？
「子どものために、何かしてあげなくては。」
「果たして今、自分がしていることは子どものためになっているのか……？」
「でも、何をしたらよいのか、わからない」などなど……。

こんな日々を重ねているうちに、いつしか、子どもの愛らしさも子どもと共にあることの喜びも色あせて見えてくる……。
少子化の中で、子育てへの期待が社会に異常に高まっていることも一因かもしれません。もっと、自然体で子どもの育つ姿を楽しめたら、と親御さんの悩みをうかがう度に思う今日この頃です。

そんなおうちの方が本書を手にされたら、きっと笑顔があふれてくるのではないでしょうか？
手作りおもちゃと言っても、「簡単で適当でいいんですよ」というシルクさんの声が、どのページからも聞こえてくるようです。なんて素敵なメッセージでしょうか！
手作りの醍醐味を味わいつつも、気楽に楽しめることが本書の最大の魅力に思えます。

子育てで大切なことは、親や大人が何かを与えることではありません。それよりも、親や大人が、子どもと一緒にすごす時間を「心から楽しむ」こと──。それに勝る子どもの幸せはないと言っても過言ではありません。

上手にできなくていいのです。おうちの方が悪戦苦闘していたら、お子さんはかえって安心して、自分ならできる！　とやる気を見せてくれるかもしれません。
本書を手にして、お子さんとどのような会話が弾むのか、どのような楽しさと喜びを引き出されるのか、一人ひとり、ご家庭によって、お子さんや親御さんによって異なることでしょう。
そうしたご自分だけの楽しみを発見されることも、また子育てのすばらしさのように思います。

恵泉女学園大学学長／NPO法人あい・ぽーとステーション代表理事
大日向雅美

シルク流こうさくの楽しみ方

"けっこう適当"で大丈夫！

　私のInstagramに寄せられるコメントで、「この部分は何でとめていますか」「これは何㎝ですか」など、質問をいただくことがあります。

　実を言うと、聞かれた時に改めて測ってお答えすることがほとんどで、実際に作っている時には目分量だったり、ボンドや両面テープではなく手軽にセロハンテープでとめていることも多いです。

　作っている途中で「これじゃ長すぎるかな」と短くしてみたり、「落ちちゃうからガムテープでとめてみるか」となることも（笑）。

　私の作るおもちゃは、少しくらい適当でも大丈夫なところが多いので、あまり肩肘張らずに気楽に取り組んでもらえるのが一番です。

　年齢によってお子さんでもできる工程がたくさんあるので、一緒に作って楽しんでもらえたらと思います。

飾りがあってもなくても問題なし♪

　本書のおもちゃには飾りをつけていますが、牛乳パックや空き箱の柄がむき出しでも、子どもは喜んで遊んでくれるもの。
　おもちゃを作る上で私が一番大事にしているのは「簡単に作れる」ということです。
　みなさんお忙しい毎日を送っているので、工程が多いとなかなか「やってみよう！」という気持ちにならないかな、と思うからです。
　どれも手軽に作れる作品を紹介していますが、装飾までしっかりやらないと……と思ってハードルが高く感じてしまったら残念。飾りはあってもなくてもOKです！
　でも、やっぱり材料がむき出しでは味気ないと感じる方には、簡単で見栄えがよくなる飾りをおすすめします。
　私は、折り紙やマスキングテープ、シールをなどを使って飾りつけすることが多いです。
　ちょっと貼るだけでおしゃれに見えるアイテムが100円ショップでも手軽に手に入るので、私のように絵を描くのが得意じゃなかったり、不器用な人でも十分に楽しさを感じられるものになるはずです。お子さんに手伝ってもらうのもいいですね。
　我が家にはかわいいものが好きな小学生から未就学児の三姉妹がいるので、装飾をすると第一印象のワクワク度が上がるのですが、遊び始めると全然気にしていません（笑）。
　もちろん、いろいろなアイデアで思いっきり凝ったデコレーションをするのもいいですし、好みに合わせて自由に考えてみてください！

おもちゃ作りに用意したい！
基本の便利な道具など

切る時に使う道具

ハサミ

自分が持ちやすい大きさ、牛乳パックも簡単に切れるようなタイプを準備しましょう。

カッター

くりぬいたり、厚みのあるダンボールなどを切るにはカッターが適しています。子どもが使う際は、必ず大人がそばで見守ってください。

工作マット

机などを傷つけないためにそろえたいアイテムです。大きめの方が使いやすくておすすめです。

貼る時に使う道具

のり

手を汚さず、細かい作業がしやすいスティックタイプがおすすめ。

セロハンテープ

軽い力で簡単に片手で切れるタイプで、動きにくい台を使うと便利です。

両面テープ

のりやボンドを乾かす時間がない時などにも手軽に貼れる便利なアイテム。

ボンド

乾くのに少し時間がかかりますが、しっかり接着できるためよく使います。本書では紙とも相性のいい木工用ボンドを使っています。

ビニールテープ

セロハンテープより厚みがあるので、作品の強度を高めるためにも使えます。透明なものやカラーバリエーションも豊富。

OPPテープ

梱包用として使われることが多いですが、工作では紙類のコーティングなどで活躍してくれます。

グルーガン

材料同士をすぐに接着できるのが特徴で、100円ショップでも購入可能です。素材の相性によっては取れやすい場合も。高温になるので、取り扱いに注意。

そのほかの道具

目打ち
穴を開ける時に使用。キリでもよいですが、穴の大きさを調節できるため、目打ちがおすすめ。子どもが使う際は、必ず大人がそばで見守ってください。

コンパスカッター
紙などをきれいに丸くカットできる便利なアイテム。100円ショップでも購入できます。

ペーパーカッター
本書では使いませんが、紙をまっすぐカットするのに便利なアイテム。定規で測ったり線を引かなくても紙をカットできるので、よく使っています。

穴あけパンチ
紙に丸い穴を開ける時に使用。開けたい場所に開けやすいため、工作にはひとつ穴タイプがおすすめです。

材料について

● 100円ショップでそろう材料ばかり

使用している材料は、牛乳パックやペーパー芯などの廃材、家でありがちな紙コップや割りばしがメイン。そのほかアルミワイヤーや竹ひごなど、家にあるとは限らない材料もときどき登場します。このような材料も、基本的にすべて100円ショップで手に入ります。
本書の中で登場するウッドボックス（P88）、刺しゅう枠（P98）、花形パレット（P101）、カッティングボード（P102）、木製トレイ（P104）なども、100円ショップでそろえることができます。
お店や時期によっては売っていない場合もありますが、各ページの「材料」にあるサイズ等を参考に似たものを使っていただければ問題ありません。

● サイズに注意が必要な材料について

紙コップ
この本でよく使っているサイズは205mLで、工作でも頻繁に使っています。ほかにも、小サイズや特大サイズがありますが、どれも100円ショップでそろいます。色や柄がついたタイプもおすすめです。

木製スティック
おもちゃで使用しているのは、長さ11.3cmと14cmのタイプです。100円ショップでは「50本入り」の大容量で売られていることが多いです。

飽きずに夢中!
本書の楽しみ方

ふしぎ！　どうして？　ワクワク！　ハラハラ！　ドキドキ♪
この本で紹介するおもちゃは、子どもの知的好奇心をくすぐるものばかりです。
子どもの目がキラキラ輝くポイント、簡単なおもちゃの作り方、
ひとつのおもちゃでたくさんの遊び方が満載！

制作時間
おもちゃを作るのにかかる時間の目安。（ボンドを乾かす時間は含みません）

エコ素材
おもちゃに使う廃材名。（牛乳パックやペーパー芯など）
本書の最後にエコ素材の逆引きリストがあるので、ぜひおうちにある素材で作ってみてください。

知育 point
遊びを通して成長が期待できる、さまざまな知育ポイントを紹介。

遊び point
いろいろな遊び方、ルール、アレンジなど、たくさん楽しめるコツを説明しています。

POINT
さらに楽しめるポイントなどの補足です。

注意事項 ⚠

- 磁石をはじめ小さなパーツを使っているものが多くあります。作っている最中、遊んでいる最中など、お子さんの誤飲や磁石の扱いにくれぐれもご注意ください。
- お子さんが作れる工程も、道具によっては怪我をする恐れがありますので、大人が目を離さず、安全にご配慮ください。
- 手作りのおもちゃは遊び方の力加減や、保管方法によって、接着面が取れること、破損しやすい場合があることをご承知おきください。
- 不意の破損や意図しない使用方法などにより、思わぬ怪我や誤飲などの事故が起こらないようご注意ください。
- 道具は正しい使い方を守り、安全に取り扱ってください。カッターや目打ちなどを使う場合は、ほかの場所を損傷しないよう、必ず工作マットなどをご使用ください。怪我にはくれぐれもご注意ください。
- グルーガンは高温になりやけどの恐れがありますのでお子さんのご使用はお控えください。大人でも扱いは慎重にお願いします。また、プラスチックなどのざらつきが少ない素材では、接着力が弱い場合があります。心配な場合は、あらかじめボンドなどほかの接着剤をご使用ください。
- 作り方の文中、以下の材料は下記のように表記してあります。
  ペットボトルのキャップ→キャップ　木製スティック→スティック　セロハンテープ→テープ
- 「※参考」とある場合、本書で使ったサイズを記載していますが、他のサイズでも制作することができます。

# 1章

転がす・飛ばす おもちゃ

転がしたり、飛ばしたりして楽しめるおもちゃです。
単純に見えるものでも、
観察するといろいろな気づきがあったり、
うまく回すコツをつかむまで集中して取り組んだり、
遊んでみると奥深く、何度も楽しめます。

何度も何個も転がしたくなる！
コロコロタワー

ピンポン玉を入れると円柱に沿って坂道を転がって落ちていく！

制作時間：60分　**エコ素材** 牛乳パック／紙皿

いくぞ～!

ここに玉を入れると

シュ〜

視界から消えては現れる！

コロコロコロコロ〜

ここから出てくる!

知育 point
紙皿の角度を変えたり、重さの違う玉を入れると、落ちてくる速さが変わるので、複数作ってよーいどん！ 転がり方の違いを確認してみて。

遊び point
ピンポン玉以外にもボール状のものならなんでもOK。スーパーボール、ポンポン、ビー玉など、いろいろ楽しめます。

材料	道具
●牛乳パック…2本 ●紙皿（直径18cm）…5枚 ●クリアファイル（A4）…2枚 ●ピンポン玉…好きなだけ	●ハサミ ●ガムテープ ●セロハンテープ ●ビニールテープ （●コンパスカッター）

1章 転がす・飛ばすおもちゃ

1

牛乳パックの飲み口と底をカット。縦にひたすら折り目をつけて、角柱を円柱状にしていく。

2

高さを出すために❶の牛乳パックを2つつなげる。つなぎ目はガムテープで貼り合わせる。

3

「ここは切り離す」

紙皿の中央に、直径6cmの穴を開け、2cmの切り込みを一周入れる。切り込みは下に折り曲げておく。

4

ピンポン玉が通る幅を確認し、筒に紙皿をらせん状にテープで貼ってつなげていく。

紙皿同士を少し重ねながらテープでとめる。

5

仕上げに紙皿の下をビニールテープでしっかり固定する。

6

「ガードで玉が外に落ちるのを防げるよ」

完成！

クリアファイルの下のつながった部分を切って広げ、2枚分を貼り合わせ筒状のガードを作る。玉の出口を作って、タワーにかぶせたら完成！

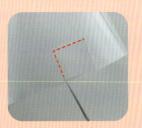
出口は切り込みを入れ、ドアのように内側に折り込んでおく。切り口は、怪我をしないようテープで保護。

モールが動くのはな〜ぜ？
クルルン紙コップ

あーあーあー！！と紙コップに向かって声を出すだけで、
お花たちがクルルンと回って動き出すよ！

制作時間：10分　　**エコ素材** 紙コップ

なんで？声で動くの？どうして？

あ〜〜〜

知育 point
音が振動して伝わっていることを、遊びの中で知ることができます。声の大きさや高低を変えて動きの変化を見てみるのもおすすめ。

遊び point
シールに車や動物など好きな絵を描いても楽しいし、モールをくるっと曲げただけでも遊べます。飾りが重くなりすぎてひっくり返らないよう注意。

| 材料 | ●紙コップ（205mL※参考）…2個
●モール…1本
●アイロンビーズで作った花など（シールでもOK） | 道具 | ●ハサミ |

1章 転がす・飛ばすおもちゃ

1

穴は❷で紙コップが入る大きさに！

一方の紙コップに、ハサミで穴を開ける。

2

もうひとつの紙コップを❶で開けた穴に差し込む。

3

モールを6cmくらいにカットして、人指し指に巻き付けていく。

4

モールは置いて倒れなければOK！

完成！

モールにアイロンビーズで作った花飾りを通したり、好きなシールを貼る。コップの底部分にそっと置いて、差し込んだコップに口を当てて声を出してみよう！

point

柄付きの紙コップで作ってもいいし、無地の紙コップに好きな絵を描いても楽しい！ 自由にアレンジしてみてください。

くるくる回して無限に遊べる！
ビー玉ハンドル迷路

六角形の箱をくるくる回しながら
ビー玉を上手に穴に通そう！

制作時間：40分　　**エコ素材** 牛乳パック

ゴールがないから
無限に遊べるよ！

クル

クル

知育 point
箱を操作しながらビー玉を穴に通すには、予測しながら手を動かすことが大事。無限に遊べる形なので、子どもが思わず集中するのがGOOD！

遊び point
穴の位置や大きさを変えることで、迷路の難易度を変えられます。年齢に合わせて、ちょっと難しいかな…くらいに調節するのもおすすめです。

※ビー玉は小さなお子さまの誤飲にご注意ください。

| 材料 | ●牛乳パック…1本
●ビー玉…1個
●クリアファイル（A4）…1枚 | 道具 | ●ハサミ
●セロハンテープ
●ビニールテープ
●油性ペン |

牛乳パックを開いて飲み口と底の部分を切り離し、3cm幅に6枚カットして三角形を6個作る。

❶の三角形を組み合わせてテープで貼り、六角形を作る。

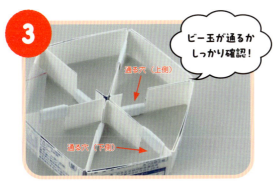

ビー玉が通るかしっかり確認！

開ける位置や面を変えながらビー玉が通る穴を作る。穴は縦に2カ所切り込みを入れ、面を両側に開いてビニールテープでとめる。

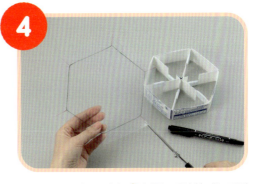

クリアファイルの上に❸を置いて油性ペンで形をなぞり、2枚まとめて線より1.5cmくらい外側を切る。角に切り込みを6カ所入れ、線に沿って折り目をつける（2枚分）。

ここで忘れずにビー玉を入れてね！

重なっていたクリアファイルをはがし、1枚を六角形の表面に合わせてテープで貼る。表面が貼り終わったらビー玉を入れて、裏面にもう1枚のクリアファイルを貼る。

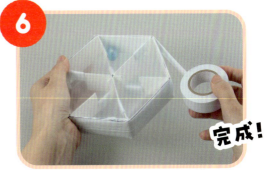

完成！

ぐるっと周りを一周ビニールテープで補強したら完成！

どこまでも飛んでいけ〜！
紙コップ飛行機

ふんわりと飛ぶ飛行機に大人も子どもも大感動♪
上手に飛ばせるよう何度もトライして！

⏰ 制作時間：5分　　エコ素材　紙コップ

飛ばすときの持ち方

遠くまで飛んでいけ〜〜！

手を離すとピューーン

知育 point
ゴムを押さえて巻いたり、持ち方を工夫したり。上手に飛ばすためのチャレンジが子どもの「できた！」を育ててくれます。

遊び point
コツを掴むとフワーッと気持ちよく飛びます。飛ばした飛行機を追いかけてキャッチするのも楽しい！

| 材料 | ●紙コップ（205mL※参考）…2個
●輪ゴム…4本 | 道具 | ●ビニールテープ |

1章 転がす・飛ばすおもちゃ

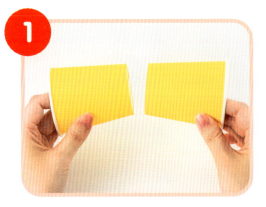

紙コップの底同士を合わせる。

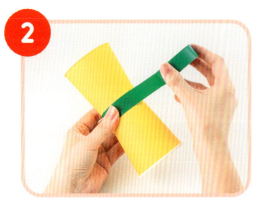

合わせた底部分をビニールテープでしっかりととめる。

飛ばすための輪ゴム（4本）を隣の輪ゴムに通して、くぐらせるようにしてつなげる。

こうやって持ってね！

完成！

飛ばす時はゴムの巻き始めを親指で押さえ、巻き始めに重ねるように2周目を巻く。もう一周巻き、写真のように持ち変えて巻き終わりは利き手の親指に引っかけて紙コップを離して飛ばす。

point

紙コップの大きさを変えたりプラコップを使ってみてもOK！ 絵を描いたりシールを貼ったりして自分だけの紙コップ飛行機を作ってみて。

絵を描いてもかわいい！

8の字サーキット！
無限∞ビー玉転がし

8の字のコースをビー玉が無限に転がるよ。
皿の傾きやスピードを調整しながらチャレンジ！

⏰ 制作時間：15分　　エコ素材　紙皿／紙コップ

ビー玉がコースから外れないように慎重にね

ゴロ　ゴロ　ゴロ　ゴロ！

知育 point
手だけでビー玉を調整するバランス感覚や、ビー玉を追いかける動体視力が育ちます。集中して続けられる無限コースが高ポイント！

遊び point
転がす速さを上げれば上げるほど、ビー玉が飛び出すリスクが高まります。ハラハラ感、ドキドキ感を楽しんで。

※ビー玉は小さなお子さまの誤飲にご注意ください。

材料	道具
●紙皿（直径18cmである程度深さがあるもの）…2枚 ●紙コップ（205mL）…2個 ●ビー玉…好きなだけ	●コンパスカッター ●ハサミ ●グルーガン

1

「コンパスカッターを使うと便利」

皿の中央に紙コップが入る大きさの円をくりぬき、1カ所切り込みを入れたものを2個作る。

2

「少し引っ張るようにして重ね合わせて！」

互いの切れ目を重ねて8の字になるようにし、グルーガンで貼り合わせる。

3

完成！

紙皿の穴に紙コップを差し込んだら、ビー玉を転がしてみよう♪

point

コップを外すとコースの両脇にビー玉が落ちやすくなって難易度UP。座って、立って、片足立ちして…など遊ぶ時の姿勢を変えるとグンと難しくなるので、ぜひ試してみて。

1章 転がす・飛ばすおもちゃ

ねらって飛ばそう！
ポンポン・シューター

発射台に乗せたポンポン、
指先の力加減で飛び方が変わるよ！

制作時間：15分　　**エコ素材**　ペットボトルキャップ／割りばし／紙コップ

知育 point
キャップの位置を変えたり、2つ付けたりして、飛び方の違いを比べてみるのもおもしろいです。

ピョ～～～ン！

どこまで飛ぶかな？

遊び point
的やゴールを用意して、難しさをアップさせてみるのも楽しい！

材料		道具
●洗濯ばさみ…1個	●ダンボール（12㎝×28㎝程度）…1枚	●ビニールテープ
●割りばし…2膳	●ポンポン…好きなだけ	●両面テープ
●輪ゴム…2本	●紙コップ（205mL ※的用）…5〜6個	●ガムテープ
●ペットボトルキャップ…1個		

1

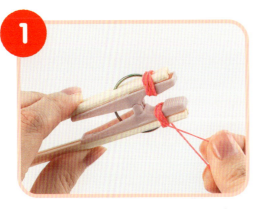

洗濯ばさみの挟まる部分と割りばしを輪ゴムで巻いてしっかりとめる。

2

洗濯ばさみの上の部分を、ビニールテープで割りばしに巻き付けて補強する。

3

割りばしの端から少し空けた位置にキャップを両面テープで付ける。

4

❸をガムテープでダンボールにしっかり固定したら、完成！

5

完成！

ボールはアルミホイルを丸めたもの、ティッシュにビニールテープを巻いたものなどで代用可能。

point

飛ばしたポンポンを命中させる的は、紙コップ、輪投げの輪など、いろいろ工夫できます。どこまで飛んだか距離を測ってみたり、遊び方は自由自在です。

遠心力を体感！
ぐるぐるビー玉サーカス

ビー玉の動きを見ながら
なぜ壁に沿ってまわるのか…ふしぎを体感！

制作時間：5分　**エコ素材** 紙コップ

材料
- 紙コップ（100mL）…1個
- クリアボウル…2個
- ビー玉…（1～2個）

道具
- ボンド

ボウルを回すとビー玉が
グルグル
落ちないのはなぜ？

知育 point
実際に手に持って動かすことで、ビー玉に働く遠心力を体感できます。「なぜだろう？　どうしてだろう？」と考えるきっかけに。

遊び point
ボウルを両手で回すように動かす遊び方と、ボウルを縦に振って、真ん中のカップに入れる遊び方の2WAYで楽しめます。

グールグールグール

①

紙コップの下にボンドを塗り、クリアボウルの底に紙コップを付ける。

②

完成！

ビー玉を①に入れ、もうひとつのクリアボウルをかぶせて、ボンドで貼り合わせて球体にしたら完成！

アレンジ ビー玉を2個入れると、動きが複雑になってさらにおもしろい！

※ビー玉は小さなお子さまの誤飲にご注意ください。

起き上がりローリング

予測不能な転がり方はなぜ？

コロンコテン…転がり方がとってもおもしろくて、
思わず、何度も転がしたくなっちゃう！

制作時間：15分　　**エコ素材**　ミニゼリーカップ

1章　転がす・飛ばすおもちゃ

材料
- ミニゼリーカップ（底が丸いタイプ）…2個
- 折り紙（半透明のもの）　●坂に使う板もしくは段ボール
- 高さを出す台（積み木など）　●ビー玉

道具
- ハサミ
- 両面テープ
- ビニールテープ（透明）

コロコロ 楽しく転がるよ

コトン

コトン

知育 point
半透明の折り紙を使うことで、ビー玉の動きが見えるのがおもしろい！

遊び point
積み木などを使って、斜めに置いた板の上に転がすと、不思議な転がり方をします。1つずつ転がしても、一気にたくさん転がしても楽しい。

point
帯状のまま貼ることで縦に転がります。帯の幅を広くするなどアレンジしても楽しいです。

1 ゼリーカップのふちを切り落とす。もう一つも同様にカットする。

2 ゼリーカップの中にビー玉を入れて、もう一つのカップとビニールテープで付け合わせる。

3 折り紙を2cm幅に切って、❷に巻き付け両面テープでとめる。

完成！

なぜかまっすぐ進まない！
あちこちボウリング

どっちに転がるか予想して転がしてみよう！
ねらい通りにピンが倒れたら大成功☆

制作時間：10分　　**エコ素材**　ペーパー芯／紙コップ

ガタゴト　ガタゴト

知育 point
倒れたピンに書かれた数字をたし算すれば、自然と計算の勉強もできちゃいます。

遊び point
やさしく転がしたり、強めに転がしたり……。うまくいかないことを楽しんで♪　ピンからの距離を決めてボウリングゲームを競い合って遊ぶのも◎

やった〜！ピンを倒せた！

※ビー玉は小さなお子さまの誤飲にご注意ください。

| 材料 | ●プラコップ（210mL）…2個
●紙コップ（100mL）…2個
●ビー玉…3個
●ペーパー芯…6本くらい | 道具 | ●ボンド
●ペン |

1章 転がす・飛ばすおもちゃ

1

紙コップの中にビー玉1個を入れて、紙コップ同士をボンドで貼り合わせる。

2

2つのプラコップにそれぞれ1個ずつビー玉を入れる。

3

プラコップの中にビー玉の入った❶の紙コップを入れ、プラコップをボンドで貼り合わせる。

4

ペーパー芯に数字を書くなどして、ボウリングのピンを作る。

完成！

point
ボウリングのピンは、乳酸飲料の空容器や、ラップの芯もおすすめです。アイデア次第で遊び方が広がりますよ。

31

カタカタ音を立てて落ちるのが楽しい！
洗濯ばさみビー玉スロープ

洗濯ばさみとダンボールだけの超簡単工作♪
転がる速さ、音の違いを楽しもう！

⏰ 制作時間：10分

最後まで上手に転がるかな？

カタカタカタカタカタ...！

知育 point
洗濯ばさみを付けるのを子どもにやってもらうと、指先の巧緻性が育ちます。

遊び point
作るのは簡単なので、洗濯ばさみの数や種類を変えてみたり、いろいろなスロープを作ってアレンジしてみて。

※ビー玉は小さいお子さまの誤飲にご注意ください。

| 材料 | ●ダンボール（5cm×25cm）…2枚
●洗濯ばさみ…20個前後
●プラコップ（110mL※参考）…1個
●ビー玉…好きなだけ
●高さを出す台（積み木など） | 道具 | ●カッター
●セロハンテープ |

1章　転がす・飛ばすおもちゃ

1. ダンボールを5cm幅にカットし、テープでつなぐ。接続部分を丈夫にするために5cm程度重ねてテープでとめる。

2. 両端に洗濯ばさみを挟んで付けていく。間隔や角度に差をつけてもOK。

3. ビー玉の受け皿として、プラコップをテープでダンボールの端に付ける。

上の部分に洗濯ばさみをつけると、滑りにくい！

4. 坂道になるよう高さを調整し、❸を立てかけたらビー玉を転がしてみよう！

完成！

point

洗濯ばさみを木製ピンチなどに変えて、音の変化を楽しんでみるのもおすすめです。

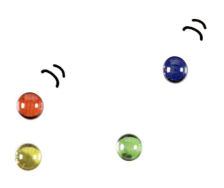

見たことない動きが好奇心をあおる！
2WAY ワンダーカップ

中身を円を描くように回転させてから置くと、おもしろい動きに！

⏰ **制作時間：30分**　　**エコ素材** 紙コップ

遊び方 1　紙コップを持って、クルクル回したあと、縦に置くとぶるぶる震える！

💬 中に何が入っているのかな？

遊び方 2　横にして、平らなところで転がすと、戻ってくる！

知育 point
中のゴムの動きとビー玉が振り子となって、同じものでも使い方によってまったく違う動き方をします。好奇心と想像力がグングン育つおもちゃです。

遊び point
ふしぎな動きは見ているだけでワクワク♪ まるで手品のような動きなので、誰かをビックリさせるのも楽しい！

| 材料
（1個分） | ●紙コップ（205mL
※参考）…1個
●ビー玉…3個
●輪ゴム…1本
●クリップ…1個 | ●爪楊枝…1本
●厚紙orダンボール
　…A4サイズ程度 | 道具 | ●ビニールテープ
●ハサミ
●目打ち
●セロハンテープ |

ビー玉3個を1列に並べてビニールテープで包むようにとめたものに、輪ゴムをつける。取れないように、ビニールテープで固定する。

厚紙に紙コップの飲み口よりひと回り大きく印をつけて、2枚切る。

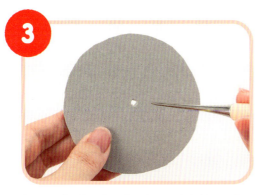

紙コップの底の真ん中に小さな穴を開け、❷の厚紙のうち1枚にも真ん中に穴を開ける。

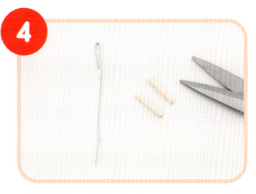

爪楊枝を2㎝くらいにカットし2個にする。クリップはゴムを引っかけるために使うので、まっすぐ伸ばして先端だけ細く曲げる。

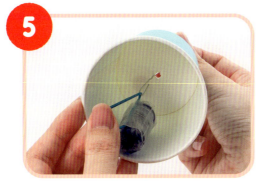

クリップの曲げた部分に❶の輪ゴムを引っかけて、紙コップの底に開けた穴に内側から通す。

輪ゴムが少しだけ底から出たら、クリップを外す。紙コップから輪ゴムが抜けないように爪楊枝を通して、セロハンテープでとめる。

完成!

反対側の輪ゴムも同じように、クリップを使って厚紙の穴に通す。輪ゴムの先端が出たらクリップを抜いて爪楊枝を通してテープでとめる。

❼の厚紙と紙コップが離れないように、テープで固定する。紙コップの底には、❷でカットした厚紙をテープでつけて完成。

point

プラカップで作れば中の仕組みが見えるので、中でおもりや輪ゴムがどんな動きをしているかがわかります。

ミニコラム1
おもちゃを捨てるタイミングは?

子どもたちが成長して興味が薄れたり、遊びつくしてもういいかなと思ったら分別して捨てています。廃材や100円ショップの材料で作ることが多いため、捨てるハードルは市販品に比べると少し低くなるのも、手作りおもちゃの良いところかなと思います。

円を描くように中をクルクル回してね!

Q. おもちゃ作りの材料はいつもストックしているのですか？

A. おもちゃのアイデアを思いついたり、工作が大好きな子どもたちが急に作りたい！となった時、材料のストックがたくさんあると助かります。
そのため、空き箱やペーパー芯、ペットボトルのキャップにゼリーのカップなど、使えそうなものはいろいろ保管しています。

ただしストックするのも限度があるし、部屋を狭くしてまで大量に集めておくことはしていません。
すべてとっておくのではなく、種類ごとに数を決めて、保管しておくとよいのではないでしょうか。
また、今は100円ショップにも工作に使える材料などがたくさん売っているので、工作に使えそうな素材はある程度家にそろえています。

子どもたちは、私が何か作っていると近寄ってきて、余った材料だけでいろいろなものを作って遊ぶことがあります。
あらかじめ材料を多めに用意しておかなくても、子どもたちの発想はとても新鮮で、手元のものだけでも十分楽しめることが多いです。
大人が考えることとは目線が違うので、いつも驚かされています。

できあがりが楽しみ！

1章 転がす・飛ばすおもちゃ

Q&A ②

Q. 作ったおもちゃをお子さんは どう楽しんでいますか?

A. おもちゃを作った時は、まずは私が遊んでしっかり楽しんでいるところを見せます（笑）。
そうすることで、子どもたちが自然に興味を示して、遊びはじめることが多いですね。

もちろん子どもなので最初から上手くできないこともありますが、見守ってあげることで自分たちで試行錯誤して乗り越えて、楽しそうに遊ぶようになります。

自分でできるようになると達成感が違って、その経験が次につながっていくようです。
大人が思っていたのとは違う遊び方をしていることも多く、驚くことも。子どもが楽しんでいれば、それも立派なアイデアなのでOK！ 遊び方は無限にあるんだと、子どもから教えてもらうことも多いですね。

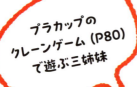

プラカップの
クレーンゲーム（P80）
で遊ぶ三姉妹

2章

ゲームみたいに遊べるおもちゃ

遊びながら新しいルールを考えられる
ゲームっぽい楽しいおもちゃです。
ルールを変えれば、遊び方は無限大。
遊びながら発想力や想像力を磨けるはず！

上手に飛ばしてポイントをゲット！
ぴょんぴょんシューティング

スティックの先を押して、ポンポンをカップインさせよう！
ねらいに合わせて力加減をするのがポイント。

制作時間：20分　**エコ素材**　空き箱／ペットボトルキャップ／紙コップ

知育 point
上手に発射するためには指先の力加減が重要。遊びながら指先の調節力が身につくだけでなく、紙コップに数字を書けば得点のたし算もできちゃいます。

カップをよーく見てねらいを定めて！

遊び point
友だちと順番にスコアを競いながら遊ぶと楽しさ倍増♪ 先にねらいを決めてからゴールできたら10点プラスなど、新しいルールをどんどん作ってみましょう。

材料		道具
●木製スティック（11.3cm※参考）…4本	●ペットボトルキャップ…1個	●両面テープ
●木製ピンチ…1個	●紙コップ（60mL）…5個	●ボンド
●フタ付きの空き箱…1個	●ポンポン…好きなだけ	●セロハンテープ
●輪ゴム…1本		

2章 ゲームみたいに遊べるおもちゃ

1

2本のスティックを箱のフタと背面に両面テープで付け、フタを立たせる。

2

スティック2本でピンチを挟むように、ボンドで付ける。

3
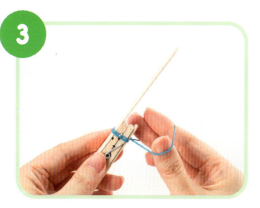
❷のスティックが取れないように輪ゴムを巻いて補強する。

4

キャップの裏をスティックの端から少し空けた位置に、両面テープで貼り付ける。

5

❶の箱の底に❹をテープで取り付ける。

6

❶の箱の内側の好きな位置に紙コップを両面テープで付ける。スティックの先を指で押して、ポンポンをカップに飛ばそう。

ポンポンをキャップに入れて飛ばしてみてね！

完成！

全集中で渡していこう！
ピンポン・デリバリー

ピンポン玉を隣のキャップに運ぶおもちゃ。
スタートからゴールまで落とさないでね！

制作時間：30分　｜　エコ素材　空き箱／ペットボトルキャップ

竹ひごを
クルックルッ

ピンポン玉を落とさないように
ゴールまで運ぼう！

クルッ
クルッ
クルッ

知育 point
両手の指先を同時に動かすので巧緻性UPに。ちょっぴり難しいので、器用に渡せるようになるまで集中して遊べます。

遊び point
2色のキャップを使って、色を限定して運ぶと難易度がアップして楽しい！

※棒の先端による目などの怪我にご注意ください。

| 材料 | ●丈夫な空き箱（15cm×22cm程度）
●竹ひご（36cm※参考）…5本
●ピンポン玉
●ペットボトルキャップ…10個 | 道具 | ●定規
●目打ち
●グルーガン |

ゲームみたいに遊べるおもちゃ

1

空き箱の両サイドに定規で直線をひき、4cmおきに印をつける。

2

💭 穴は竹ひごの太さよりも大きく開けてね

目打ちなどを使って、❶でつけた印の部分に穴を開けていく。

3

反対側も❷と同じように、印の部分に穴を開ける。

4

開けた穴に竹ひごを通し、くるくる回して動作を確認する。

5

💭 キャップの位置を少しずつずらすのがコツ

竹ひごにキャップをグルーガンで付けたら完成！ 端のキャップにピンポン玉をのせ、反対の端を目指して、竹ひごを操作して遊ぼう。

point

竹ひごとキャップの接着部分が取れやすい場合は、マスキングテープを貼って補強を。ビーズで飾りつけしてもかわいいです。

開いて閉じてドッキドキ
ビー玉アスレチック

ストローを操って転がるビー玉を
キャップの中に無事落とせるかな？

制作時間：30分　　**エコ素材**　牛乳パック／ペットボトルキャップ／割りばし

そ〜っと

ビー玉をキャップに着地させよう！

閉じて開いて！

知育 point
ビー玉の位置をストローでコントロールするには、集中力が必要。落とすタイミングを合わせることで判断力や瞬発力が身につきます。

遊び point
ビー玉の色とキャップの色をそろえて落としたり、キャップ別に得点を決めて競い合ったり、難易度を上げながら楽しんでみましょう。

※ビー玉は小さなお子さまの誤飲にご注意ください。

| 材料 | ●牛乳パック…1本
●プラスチックストロー…2本
●割りばし…1膳 | ●ビニールひも（長さ15cm）…2本
●ペットボトルキャップ…4個
●ビー玉…適量 | 道具 | ●ハサミ
●ガムテープ
●ボンド
●両面テープ |

2章 ゲームみたいに遊べるおもちゃ

1

牛乳パックの一面を切り取り、切り取った部分も捨てずに残しておく。飲み口部分の角に2か所、切り込みを入れる。

2

牛乳パックの飲み口から底部分に向かって、カーブになるように両サイドをカット。❶で切り込みを入れた飲み口部分を折りたたみ、ガムテープでとめて箱型にする。

3

割りばしからストローの先までは24cmにする。

割りばしがストローから少し出るくらいまで差し込む。反対側からひも4cm程度をストローに差し込む（2セット）。ひもが抜けないよう、ストローの隙間にボンドを流し込んで乾かす。

4

2本のストローの間隔を6～7mm空けて、ひもの部分をガムテープで牛乳パックの飲み口側に取り付ける。

5

ガード

❶で切り取っておいた部分を折り曲げて、ストローの付け根側にガムテープで貼り付ける。これで、ビー玉が落ちないようガードができる。

6

完成！

キャップを両面テープで牛乳パックの内側の好きな位置に貼り付けたら、完成。

ビーズをシュートせよ！
マグネットホッケー

箱の下からスティックで磁石を操って相手のホールにビーズを落とすゲーム。

- 制作時間：30分
- エコ素材　空き箱／割りばし

知育 point
磁石の引き合う力を利用した遊びで、磁石の働きを実感！ 道具を使いこなすことで、操作能力も一緒に身につきます。

磁石を動かしてね

スティックは下から使うよ

うまくシュートできるかな？

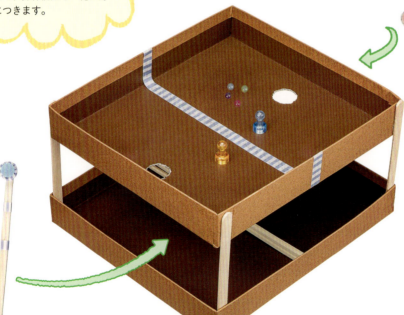

遊び point
ビーズ1個でも数個でも楽しめる自由なホッケーゲーム。たくさんのビーズを使ってゴールの数を競っても、ビーズの色分けで点数を決めて競い合うのも GOOD ♪

※小さい磁石はお子さまの誤飲にくれぐれもご注意ください。

| 材料 | ●フタ付きの空き箱…1個
●木製スティック（11.3cm）…4本
●割りばし…3膳 | ●マスキングテープ
●コマ用の磁石…2個
●強力磁石…2個
●ビーズ…適量 | 道具 | ●コンパスカッター
●ボンド
●グルーガン
●セロハンテープ
●カッター |

2章 ゲームみたいに遊べるおもちゃ

1

箱の本体の端から3cmあたりの中心に2カ所、コンパスカッターで穴（直径2cm）を開ける。

2

割りばしをカッターで箱の横の長さにカットして、フタの内側にボンドで貼る。

3

下の部分となる箱のフタの内側四隅にスティックをグルーガンで接着し、❶の箱本体の外側の四隅に付けて、2段にする。

4

> コマの磁石と強力磁石の引きつけ合う面を要確認！

強力磁石を割りばしにテープで固定する。

5

上の段にマスキングテープで中央の境界線を作ったらできあがり♪
完成！

point

磁石付き割りばしを上の箱と下の箱の間から入れて、上に置いたコマの磁石を操作します。ビーズを早く穴に入れた方が勝ち！など、いろいろなルールを作って遊んでみてください。

カップ de バスケット

数を増やして難易度UP！

カップを振ってビーズやビー玉をキャップに入れる
お手軽なシューティングゲーム！

⏰ **制作時間：5分**　　**エコ素材** ペットボトルキャップ

材料
- ドーム型フタつきカップ…1個
- ペットボトルキャップ…1個
- ※ビーズ（大きめ）…1〜3個
- ※ビー玉…1個
- ※ミニサイズのポンポン…1〜3個
- （※印はどれかあればOK）

道具
- 両面テープ

知育 point
振った時に手加減しながら遊ぶので自然と集中力が身につきやすいおもちゃ。ビーズなどの数を増やせば、振り方の創意工夫がどんどん育まれます。

遊び point
慣れてきたら、ビーズなどの数を増やして難易度を上げて盛り上がりましょう！　カップを着け外しするだけなので調整が簡単♪　持ち運びにも便利です。

上下に振って！シュート！
シャカ！ シャカ！

1

キャップを両面テープでカップ内の真ん中に付ける。

2

ビーズなどを入れてフタを閉めたら完成。

完成！

※ビーズやビー玉は小さなお子さまの誤飲にご注意ください。

くねくね迷路BOX

ペーパー芯のコースをくぐりぬけよ！

箱を動かしながら、ピンポン玉を
バランスよくコースに通そう！

⏰ 制作時間：10分　　エコ素材　ペーパー芯／空き箱

材料
- 空き箱（23㎝×28㎝×3.5㎝※参考）…1個
- ペーパー芯…3本
- ピンポン玉（1〜2個）

道具
- ハサミ
- 両面テープ

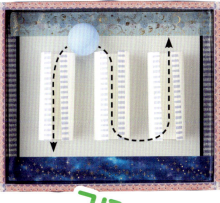

箱から飛び出さないようあわてずにね！

コロコロ

知育 point
箱の動かし方だけでピンポン玉を操るので、操作力や空間認知力が高まります。

遊び point
1本ずつペーパー芯の向きを変えて設置したり、矢印を書いてピンポン玉の通る道を制限すると、難易度が上がってさらに楽しめます！

point
ピンポン玉が通るように、ペーパー芯の切れ目を広げて調節しましょう。

① ペーパー芯を3本ともハサミで縦に切り開く。

② ❶の外側面（切り込みの反対側）に縦長に両面テープを貼る。

③ 空き箱に❷を貼り付ける。

完成！

2章 ゲームみたいに遊べるおもちゃ

透明カップをくるくる回そう！
カップ in カップ玉入れ

竹ぐしを持ってカップを回すと、あらふしぎ!?
次々とビーズが中のカップに入っていくよ！

 制作時間：20分　　エコ素材　紙コップ

ビーズを
カップに
集めてね！

クルン！

クルン！

クルン！

知育 point

外側のカップが回って、中のカップがビーズを集めてくれる仕組みに子どもは夢中に。クルクル回し、どうしたらビーズを早く集められるか工夫するうちに遊ぶ力が育ちます。

遊び point

ビーズを早くたくさん入れるには、ゆっくり回すのか、早く回した方がいいのか工夫してみましょう。

※ビーズは小さいお子さまの誤飲にご注意ください。※棒の先端による目などの怪我にご注意ください。

| 材料 | ●プラコップ（210mL）…2個
●竹ぐし（18cm程度）…1本
●紙コップ（60mL）…1個
●磁石…1個
●ビーズ…適量 | 道具 | ●目打ち
●ボンド
●ハサミ |

2章 ゲームみたいに遊べるおもちゃ

1

ひとつのプラコップに、目打ちで2カ所竹ぐしが通るくらいの穴を開ける。

2

中に入れる紙コップを底から3cmくらいの高さにカットし、上から5mmくらいのところに竹ぐしより少し太めの穴を2カ所開ける。

3

紙コップの底に、おもり用の磁石をボンドで貼り付ける。

4

プラコップの中に紙コップを入れ、❶❷で開けた穴に、尖った部分をカットした竹ぐしを通す。プラコップは外側の竹ぐしが通してある部分をボンドで固定する。

5

ここではビーズを25個くらい入れてあります

プラコップにビーズを適量入れる。

6

プラコップを、上下にボンドで貼り合わせたら完成。

完成！

カップ型クリップシュート

数字の数だけクリップを入れよう！

磁石でクリップを運び、キャップに入れる
ちょっぴり根気がいるゲームだよ！

 制作時間：10分　　エコ素材　ペットボトルキャップ

磁石をコップに当てて、クリップを動かそう！

そーっと！

そーっと！

知育 point

クリップをひとつずつ運ぶには磁石の角度がポイント。やりながら工夫していくことで、空間認知能力や器用に手先を動かす練習にも。

遊び point

慣れてきたら、キャップに書かれた数の分だけクリップを入れてみましょう。

※小さい磁石はお子さまの誤飲にくれぐれもご注意ください。

材料	道具
●大きめのフタ付きプラコップ（480mL※参考）…1個 ●ペットボトルキャップ…4個 ●シール　●クリップ…適量 ●磁石（動かす用）…1個	●グルーガン（両面テープでも代用可）

2章 ゲームみたいに遊べるおもちゃ

1

グルーガンを使って、キャップを上向きにプラコップの内側に付けていく。

2

> 上の方につけすぎるとクリップが入らないので気を付けて

高さや位置を変えて、キャップを4個付ける。

3

クリップを入れてフタを閉める。

4

完成！

シールなどにクリップを入れる数を書いて、キャップを付けた接着部分を隠すように貼る。動かす用の磁石をカップの外から当てて、下にあるクリップをキャップにのせよう。

point

キャップに書く数字は1〜4に限らず、キャップに収まりそうな分量の数を自由に書いてください。

色を合わせて運ぼう！
円盤型クリップキャッチ

カップ型クリップシュート（P52）のレベルアップバージョン！
クリップを同じ色のキャップに入れられるかな？

 制作時間：10分　　エコ素材　ペットボトルキャップ／紙皿

材料
- ペットボトルキャップ4色…各1個
- 紙皿…1枚
- クリアボウル…1個
  （中身が見えればどのような容器でも可）
- クリップ4色…各2個程度
- 磁石（操作用）…1個

道具
- 両面テープ
- ボンド

操作用の磁石

知育 point
クリップを落とさないように運び、キャップに落とす時、磁力の力やコントロールの仕方が学べます。操作中は集中力UPも期待できます。

遊び point
磁石をボウルの外側から当ててクリップを動かし、キャップの中に入れて遊びます。クリップの数を増やすと、より難易度アップ！

クリップを同じ色のキャップに入れよう！

point
4色のキャップが集まらない場合、同じ色のキャップで作っても十分楽しめます！白いキャップの内側にカラーの丸シールや折り紙を貼ってもOK！

1
4色のキャップを両面テープで紙皿に貼り付ける。

2
キャップと同じ色のクリップを紙皿に入れる。

3 完成！
クリアボウルを紙皿にボンドで貼り付けたら完成。

※小さい磁石はお子さまの誤飲にくれぐれもご注意ください。

3章

指先を使うおもちゃ

ここでは、特に指先を使って
作ったり遊べるおもちゃを集めました。
楽しいのはもちろん、
さまざまな材料にふれたり、
細かな動きをしたりすることで、
脳によい刺激を与えられます。

遊びながら言葉を覚えよう
ひらがなおはじきパズル

ひらがなに興味を持ち始めたらトライ！
遊び方を工夫すると楽しく言葉を覚えられます。

🕐 制作時間：30分

  クイズ **この字を入れかえると どんな言葉になるかな？**
（答えはP57の下段）

知育 point
楽しく言葉遊びをすることで語彙が増え、ひらがなを覚えるのに最適！ ひらがなを読めるようになると「だいすき」など一言メッセージとしても使えます。

遊び point
子どもは「枠にはめる」動きが好きなのでひらがなおはじきだけではなく、枠とセットで遊ぶのがポイントです！

56　※おはじきは小さなお子さまの誤飲にご注意ください。

材料	道具
●おはじき…100個程度 ●ひらがなシール…1枚 ●ダンボール…1枚（8㎝×23㎝※参考） ●白い紙（4㎝×23㎝※参考）…1枚	●コンパスカッター ●カッター ●両面テープ

3章 指先を使うおもちゃ

1

2セットあるとたくさん言葉を作れます

おはじきにひらがなシールを貼る。

2

お名前（フルネーム）が入る数にするのがおすすめ

ダンボールを4㎝×23㎝に2枚切って、1枚には白い紙を貼る。片方のダンボールに、おはじきより少し大きめに好きな数だけ穴を開ける。コンパスカッターを使うと穴を開けやすい。

3

白い紙を下にすることで、おはじきの文字が見やすい！

2枚を両面テープで貼り合わせたら完成！

4

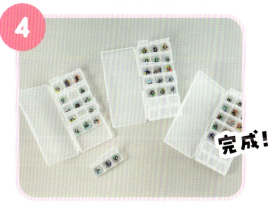

完成！

おはじきは、文字ごとにピルケースにしまうと整理と取り出しがしやすいのでおすすめ。

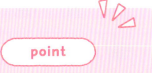
point

おはじきの管理は、同じ文字を同じスペースに入れておくとよいでしょう。子どもが片づける時に文字探しのゲーム＆勉強になります。

クイズの正解＝「てんとうむし」

みんな同じところに滑り出てくる！
じゃらじゃらプレート

違う面からプレートを入れているのに
同じ出口からどんどん出てくるふしぎ体験。

⏰ 制作時間：30分　　エコ素材　牛乳パック

どこから入れても　ココ？

コッチ？

ココ？

ここからジャラジャラジャラ〜〜

知育 point
指でプレートをつまんでも、それぞれの入り口の角度によって手首を捻る動作が必要なのがポイント。手先の器用さを育てるのにぴったりです。

遊び point
プレートをどこから入れても同じ出口から出てくるのがふしぎな感覚。子どもの好奇心をくすぐり、何度も繰り返して遊びたくなるおもちゃです。

| 材料 | ●牛乳パック…2本
●フラワーブロック…1パック
（花形の平らなブロック） | 道具 | ●ハサミ
●セロハンテープ
●カッター |

1. 片方の牛乳パックの飲み口部分をカットする。もう1本の牛乳パックは、底から13cmの高さでカットする。

2. 13cmに切った牛乳パックに切り込みを入れ、カーブをつけて内側に折り込み、テープでとめる。

向きはアレンジしてOK!

3. ❶で飲み口をカットした牛乳パックにプレートの入り口を作る。底面は好きな位置に枠を作る。

斜めに開けたり…

4. 側面（プレートが出てくる面以外）は、底面から6cmまでの位置に枠を作る。

縦に開けたり…

5. ❹と同じように、反対の面にも枠を作る。

横に開けたり…

6. プレートが出てくる面に開ける入口の枠は好きな位置に作る。

❷を❸の飲み口をカットした長い方の牛乳パックの中に差し込み、合体させる。

プレートの出口になる！

ぴったり合体させずに2cmほど隙間を開ける。2つの牛乳パックがずれないようにテープで固定する。

ダンボールやアイロンビーズなどで手作りしてもGOOD！

完成！

プレートは、カラフルなフラワーブロックを使うのがおすすめ。

> ### ミニコラム 2
> #### おもちゃが壊れたらどうする？
>
> 子どもがたくさん遊んでくれたおもちゃほど壊れやすいもの。少し壊れたくらいなら修復も簡単ですが、手作りおもちゃは市販品に比べて壊れやすい一面もあります。
> 何度も遊んでいるうちに、「こんなふうに扱ったら壊れちゃう」ということを経験し、その中で物を大切にすることも学んでくれたらと思います。

なんで色が変わるの!?
わっかマジック!

角度を変えると色が変わる!
手品みたいにふしぎなおもちゃ。

制作時間：10分

3章 指先を使うおもちゃ

材料 ●色画用紙（2色）…各2枚

道具 ●ハサミ ●のり ●セロハンテープ

知育 point
どちらかの色しか見えない角度のふしぎさを楽しめます。みんなをあっと言わせるプレゼン力もUP！

角度を変えるだけで色が変わるように見える！

変身！

こっちから見ると黄色！　見る角度を変えるとピンクに？

遊び point
わっかの色が変わる瞬間をマジシャンのようにアピールして、みんなを驚かせて！

1

内側、外側になる色を違えて折ること

同じ大きさの長方形の画用紙（2㎝×6㎝）を2色、2枚ずつ用意し、違う色を表裏にのりで貼り、それぞれ3等分に折る。

2

3等分に折った紙2つを、六角形になるようにそれぞれテープでとめる。

3

太さや長さを変えても作れます

完成！

内側、外側ともに半分から違う色になっていることを確認して完成！

まるでびっくり箱！
サプライズBOX

スティックを抜くと紙コップがポンポン飛び出す
びっくり箱みたいなおもちゃ。

 制作時間：20分　　エコ素材　空き箱／紙コップ

スティックを抜くと
カップが
飛び出る！

ピョン！

スポッ

知育 point
スティックを抜くと何が起きるかな？とワクワクする気持ちを育てます。紙コップをセットするときは、上手に手先を使う必要があります。

遊び point
思わず誰かに見せたくなるびっくり箱。驚く側も驚かせる側も楽しく笑い声があがります。次は誰を驚かそうか、いたずら心に火がつくおもちゃです。

| 材料 | ●筒状の空き箱
●紙コップ（100mL）…6個
●輪ゴム…5本
●木製スティック（11.3cm）…1本 | 道具 | ●カッター
●ボンド
●ハサミ |

1 筒状の箱を底から10cmの高さで切る。上から1cmのところにスティックがスムーズに通る大きさの穴を開ける。

2 ❶の内側に紙コップ1個を伏せて、ボンドで付ける。

引っかけてクロス

3 残りの紙コップに均等に4カ所、1cmくらい切り込みを入れて輪ゴムをクロスして引っかける。

4 ❷に輪ゴムをつけた紙コップを、押さえながら重ねていく。

スティックを抜くと紙コップが飛び出します！

完成！

5 カップの上にスティックを差し込んだら、準備完了。

楽しくゆかいな音楽隊
カスタネットくまさん

両サイドの持ち手を引っ張ると、
くまさんがカスタネットをたたきます。

制作時間：25分　　エコ素材　牛乳パック／ペットボトルキャップ

タンタンタン♪

持ち手を引いて音をだそう！

知育 point
持ち手を動かすと、くまさんの腕が連動する仕組みがわかります。手拍子と同じリズムでたたいてもらってリトミック遊びに応用も。楽しくリズム感を伸ばしましょう。

遊び point
お気に入りの動物やキャラクターにアレンジして作って、音楽隊の仲間を増やすのも◎。

| 材料 | ●牛乳パック…1本
●ペットボトルキャップ…2個 | 道具 | ●カッター
●油性ペン
●ハサミ
●両面テープ
●セロハンテープ |

3章 指先を使うおもちゃ

1

牛乳パックの底の部分をカットする。

2
> 手の部分はキャップを当てて描いてね

牛乳パックをつぶし、くまの絵（半身）を描いてカットする。

3
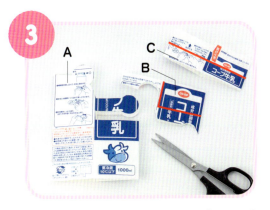
くま型Aとそれ以外B、Cに切り分ける。BとCはさらに赤線のように切る。

4
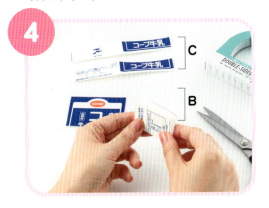
Bは角を切り、2つに分けたら、さらに半分に折って両面テープで貼る。Cは角を2か所切り、2つに分ける。

5

CをAに両面テープで貼り合わせて、腕部分を補強する。

6

完成！

BはAにテープでしっかりととめる。カスタネットになるように❷でかいた、手の部分にキャップをテープで固定したら完成。

ちょっと懐かしい定番の頭脳パズル
数並べパズル

バラバラに並んでいる1〜8までの数字を
スライドさせながら正しく並べかえよう！

⏰ 制作時間：15分　　エコ素材　ペットボトルキャップ

縦？ 横？ 上？ 下？
順番に並べてね

ここを動かして…

知育 point
頭の体操になる数並べ。一カ所の余白をうまく使って数字を順番に並べかえます。簡単そうで、実は集中力や根気が必要です！

遊び point
まだ数字を覚えていない場合は、1〜8の数字を順に書いた紙を見本にするとチャレンジしやすくなります。

材料	道具
●ペットボトルキャップ…8個 ●木製スティック（11.3cm）…8本 ●ダンボール（11.5cm×11.5cm）…1枚 ●丸シール…8個	●ボンド ●油性ペン ●カッター

3章 指先を使うおもちゃ

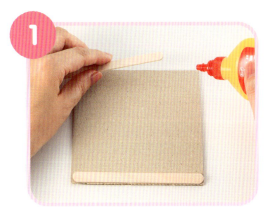

1 ダンボールを11.5cm×11.5cmにカットし、表面にボンドで上下にスティックを貼り付ける。

2 貼ったスティックに重ねて左右にも木製スティックを貼る。

3 もう一度上下、左右の順にスティックを貼り付けて2段にする。

4 キャップに丸シールを貼って数字を書く。❸の枠の中にキャップを順に並べて、適当に動かしたら完成。

完成！

point

脳トレに最適なパズル。おじいちゃん、おばあちゃんにプレゼントしたり、一緒に遊ぶのも楽しいです。

ペットボトルランチャーでひと工夫
クルクル回れ！ゼリーカップゴマ

ペットボトルとキャップの開け閉めを利用した
コマ回しのおもちゃ。

制作時間：10分　　**エコ素材**　ペットボトル／ペットボトルキャップ／ミニゼリーカップ

キャップを開けるようにして回そう！

軽〜くはめるのがコツ

シュッ！

人差し指で勢いよく回そう！

知育 point
手先の器用さと指の力の調整力が試されます！キャップが閉まる構造も自然に覚えられますよ。

遊び point
大きめのビーズや少し小さめのビーズなど、大きさを変えて、どれが長く回るか比べてみても楽しい！

※ビーズは小さいお子さまの誤飲にご注意ください。

| 材料 | ●ミニゼリーカップ（底が丸いタイプ）…1個
●ペットボトルキャップ…1個
●ペットボトル（300mL※参考）…1本
●ビーズ（5mm大など）…1個
●お花紙…適量 | 道具 | ●ハサミ
●ボンド
●グルーガン |

丸い底のゼリーカップのふちをカットする。

カップの中にお花紙を丸めて入れるとキレイ！

キャップのまわりに薄くボンドを塗り、ゼリーカップに装着する。

グルーガンで、ゼリーカップの底にビーズを付ける。

完成！

ペットボトルにキャップゴマを半回転程度、ゆるめに装着したら準備完了！

point

片手でペットボトルを持ち、もう片方の手の人差し指をキャップに当てて、キャップを開ける方向に、勢いよくスライドしてコマを発射させよう！少し高い位置から落とすように回すのがコツです。

どんどんビー玉を入れたくなる！
プッシュ de ポットンタワー

ビー玉を指で押して切り込みにイン！
穴に落ちたり紙コップの周りを回ったり、ランダムな動きが楽しめます。

制作時間：20分　　エコ素材　紙コップ／紙皿

押し込む感覚がたまらない！
ポチッ
どこに落ちるかな？
コトン
カタン

遊び point
ビー玉が落ちる穴の位置を少しずらしてあるので、紙皿に当たった後、一つひとつ違う落ち方になるのがユニークなおもちゃです。

知育 point
「押し込む」という感覚を体感することで指先を刺激します。

※ビー玉は小さなお子さまの誤飲にご注意ください。

| 材料 | ●紙コップ（205mL※参考）…2個
●紙皿（少し深さのあるしっかりしたもの）…2枚
●ビー玉…適量 | 道具 | ●カッター
●ハサミ
●コンパスカッター
●ボンド |

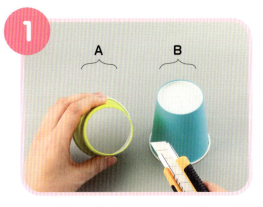

片方の紙コップは底をくりぬく（**A**）。もう片方は底に2.5cmの切り込みを十字に入れる（**B**）。

A、**B**とも飲み口側を切り取り、窓を開ける。

真ん中からずらすのがポイント！

紙皿の1枚に、真ん中から少しずらした位置とその手前に2.5cmの穴を開ける。

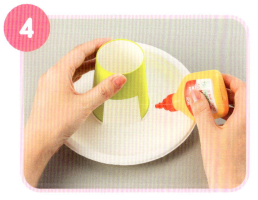

穴を開けてない紙皿の真ん中に、紙コップ（**A**）をボンドで貼り付ける。

その上に穴を開けた紙皿、紙コップ（**B**）をボンドで貼り付けながら重ねていく。

ビー玉の入り口、十字部分は何度も遊ぶと劣化するので交換してね！

十字の切り込み部分からビー玉を押し入れて、抵抗を感じながら落とせたらできあがり。

完成！

回転しながら落ちていく！
クルルン！花はじき

コップに貼ってある4色の花はじきと
同色の花はじきを棒に通して遊びます。

制作時間：30分 **エコ素材** 紙コップ

同じ色の
花はじきを
入れてね

おはじきを棒に通すと回って落ちていく！

クルルルルルルン♪

知育 point

色合わせで視覚的な認知力を高め、数合わせで自然と数字に親しむことができます。つまんで通すという作業も指先を動かす楽しい練習になります。

遊び point

友だちやおうちの人と、それぞれの色を決めて、「どちらが早く花はじきを通し終わる」かのタイムアタックで遊ぶと盛り上がります。

※棒の先端による目などの怪我にご注意ください。 ※ビーズやおはじきは小さなお子さまの誤飲にご注意ください。

材料		道具	
●竹ぐし…4本		●ハサミ	
●ワイヤー（太さ1mm）…適量		●油性ペン	
●紙コップ（205mL）…2個		●ボンド	
●紙コップ特大（430mL）…1個			
●花はじき（4色）…適量			

指先を使うおもちゃ

1

間隔を変えて巻くと落ちる速度が変わっておもしろい！

竹ぐしにワイヤーを巻き付ける。ワイヤーの巻く長さを1本ずつ変えてもOK。

2

同じサイズのコップを2個重ねて伏せ、底に4つの花はじきを置き、穴の位置にペンで印をつける。

3

紙コップを二重にすることで竹ぐしが動きにくくなります

花はじきをどかし、1本ずつ❶の竹ぐしを差し込み、重ねた紙コップに貫通させる。

4

竹ぐしの根元にボンドをつけて固定し、4色の花はじきも上から通して貼り付ける。

5

このままだとちょっと危険……。

竹ぐしが手に刺さらないよう注意！

完成！

内側の竹ぐしの尖った部分を保護するため、本体より大きな紙コップの底をカットしたものを❹に重ねて、内側にボンドで付ける。

いつまでも見つめちゃう♡
お花の万華鏡

ストロー部分をつまんで動かすと
リボンの花が咲いたり閉じたりいろいろな形が楽しめます！

 制作時間：40分

お花の形が
みるみる
変わる

上下に動かしたり……

ねじったり……

知育 point

いろいろな形に変化するリボンのお花は本当にふしぎ。色合わせや形の美しさを知ることで美的センスが育まれます。

遊び point

竹ひごを持ち、ストロー部分をゆっくりと動かすことで、リボンの形が変わっていく様子を楽しみましょう。友だちにプレゼントしても喜ばれます。

※棒の先端による目などの怪我にご注意ください。

材料	●カラフルカールリボン…1巻き ●丸シール（直径2cm）…4枚 ●竹ひご（28cm程度）…1本 ●ストロー…1本 ●ビーズ…1個	道具	●ハサミ ●パンチ ●鉛筆削り ●ボンド ●両面テープ

1

> リボンの色合わせも楽しんで♪

カラフルカールリボンの好きな色を長さ15cmに12本カットする。

2

丸シール3枚にパンチで穴をあける。

3

> 対角線上に貼るとキレイ！

❷のシールのうち1枚を、粘着面が上になるように机に置き、❶のリボンを全て均等に貼り付けていく。

4

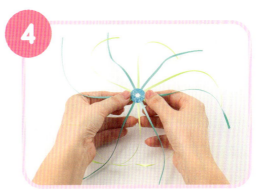

全部のリボンを貼り付け終わったら穴の開いたシール（2枚目）を上から貼る。

5

> 球状を意識して真上から見て付けていこう！

穴の開いたシール（3枚目）を粘着面が上になるように手で支えながら、❹で貼ったリボンの反対側の端を貼っていく。

6

> キレイな球状になっているか確認を

リボンを全部貼り終えたら、今度は穴が開いていない丸シール（4枚目）を上から貼る。

3章 指先を使うおもちゃ

「尖らせた先にはくれぐれも注意」

竹ひごの先を鉛筆削りで尖らせる。丸シールの穴の開いている方から竹ひごの先端を通し、❻のシールまで貫通させる。

「子どもが遊ぶ時に外れないようしっかり固定を」

先端から飛び出ている竹ひごにボンドでビーズを付ける。ビーズと丸シールは接着させる。

ストローを5cmくらいカットし、4カ所切り込みを入れて開く。

完成！

ストローの開いた部分に両面テープを貼り、ビーズのついていない方から竹ひごに通す。お花の一番下の丸シール（1枚目）にしっかり貼り付けて完成。

ミニコラム 3

シルク家では市販のおもちゃも買うの？

我が家には市販のおもちゃもたくさんあります。ゲーム機もありますし、上の子はマインクラフトが大好きで、ゲームの世界でも「ものづくり」にハマっています。基本的にはいろいろなおもちゃに触れながら成長してほしいと思っているので、どっちのおもちゃも楽しんでほしいですね。

Q&A ③

Q. 手作りおもちゃのアイデアはどうやって生まれるんですか？

A. もともと私は工作が大好きなので、家事をしているときにアイデアが思いつくこともありますし、100円ショップでアイテムを見て刺激を受けることもあります。
子どもが通っているモンテッソーリ幼稚園のおもちゃを見た時に、子どもの興味の方向性に気づいて、アイデアが浮かんだこともありました。

我が家の子どもたちも私と一緒に手作りおもちゃで遊んだり、自分たちで作ったりしてきたからか、どういう仕組みでできているのかなど、頭の中にアイデアがいつの間にかたくさんたまってきているようです。それらをうまく応用して自分たちなりにいろいろ作っていますね。

「子どもってなんて頭がやわらかいんだろう！」と思ったのは、「お人形に白いお洋服がないから作ってみた」と言って、白い紙皿を組み合わせて作っていた時。
紙皿で洋服を作るというのは私にはまったく思いつかない発想でしたが、想像以上にきちんとしたものができていて、本当に感動しました。

工作遊びに夢中な三姉妹

3章 指先を使うおもちゃ

Q. どんな時間に おもちゃを作っていますか？

A. 平日は子どもたちがいない時間に作り、子どもたちが帰ってきて一緒に遊ぶことが多いです。子どもが小さい時には、お昼寝中に作ったりもしていました。

子どもたちと一緒に作るのは、週末のお休みの日が多いです。雨の日や予定がない日などのおうち遊び時間にもおすすめですね。簡単なものなら5分もあれば完成するので、みなさんにも気軽にトライしてみてほしいです。

ちなみに子どもが工作する時間は、まったく読めません（笑）。夕飯の片付けやお風呂の準備で私がバタバタしていると、子どもたちが勝手におもちゃを作り始めていることもあります。
なんで今？……とも思いますが、そういう時ほど集中して工作をしていることも多いので、キリのいいところまで待ってあげています。

工作には「ここでやめると壊れちゃう」というポイントがあるので、そこは避けて「ここまでやったら終わりにしようね」などと声かけするとよいのではないでしょうか。

何ができるかな？

4章

集中して遊べるおもちゃ

子どもたちが真剣な眼差しで集中して
遊んでくれるおもちゃです。
夢中になって遊ぶ時間を通して、
物事に没頭して集中する力が
自然と高まっていくはず。

お風呂や水遊びに最適！
プラカップのクレーンゲーム

水の中でも遊べちゃうクレーンゲーム。
スーパーボールなどをつかんで遊ぼう！

⏰ 制作時間：20分

つかまえる時は羽を開いて

水に浮かぶスーパーボールをアームでキャッチ！

ストローを引いてつかまえよう

遊び point
スーパーボールを水に浮かすことでキャッチしやすくなります。いくつか作って誰が一番多く取れるか、競争しながら遊びましょう！

知育 point
ストローでアームを操作してスーパーボールをつかむので、集中力とタイミングが大事！ プラカップだからアーム部分の仕組みが観察できるのもポイント。

材料	道具
●プラコップ（110mL※参考）…2個 ●ストロー…1本 ●スーパーボールなど…好きなだけ	●定規 ●油性ペン ●ハサミ ●目打ち ●グルーガン

1

クレーンのアームを作るため、片方のコップに均等に8カ所印を付ける。

2

印に沿って底まで8カ所切り込みを入れる。

3

1つ飛ばしで羽を外側に折る。折らなかった部分は切り取り4枚のアームを作る。

4

❸のアームともうひとつのコップの底部分の真ん中に、目打ちで穴を開ける。

5

ストローの先端に4カ所切り込みを入れて外側に開く。

6

アームの穴にストローを通して、ストローの開いた部分をグルーガンで貼り付ける。

> ストローを切り開いた部分がプラコップの底（外側）にくるように！

もうひとつのカップをストローに通し、カップがアームに重なるようにする。

アーム部分を外側に半分に折って、ボールをキャッチできる形状に整える。

ストローを押して開いているところ

ストローを引いて閉じているところ

完成！

ストローを動かして、写真のようにうまく開閉ができたら完成！

たくさんとれたー！

4章 集中して遊べるおもちゃ

色の順番をしっかり確認！
スティック色合わせ

3色のシールがすべて合うスティックを探します。
縦横どちらでも色が合っていればOK！

制作時間：40分

材料
- スポンジシート…1枚
- 丸シール（5色）…適量
- 木製スティック（11.3cm）…適量

道具
- なし

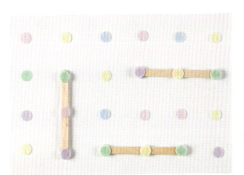

3色のシールと、並びが同じところを探して、スティックをシートの上に並べよう！

知育 point
3色の順番や縦横を見比べながらスティックを選ぶのはちょっとむずかしいけれど、思考力や集中力がぐんぐん育ちます。

遊び point
小さい子どもにはスティックを5本だけに減らすなど難易度を調整し、どこに置けるか、合う場所を見つける楽しさを感じてください。

point
シートは、シールが貼れるものならなんでもOK！

1 最初に1本だけ丸シールを貼ったスティックを用意

スポンジシートに縦横一定の間隔で色を変えながら丸シールを貼っていく。位置の目安は、スティックのシールの間隔に合わると貼りやすい。

2

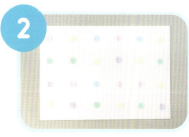

丸シールは縦4枚×横6枚で、5色のシールをランダムに貼る。

3

完成！

スティックのシールをシートの配列にあわせて貼る。全部のパターンを作ると28本ですが、全て作らなくてもOK！

いろどりスパイラル

目が離せなくなる楽しさ

ひっくり返すとカラフルなストローが
シャラシャラ落ちてくる！

🕐 制作時間：30分　　エコ素材　割りばし／紙コップ

何度もひっくり返して遊べます！

シャラシャラシャラシャラ～♪

知育 point
落ちてくる時の動きや色とりどりのストローに目が釘付け。落ちてくるものを目で追う力や想像力、観察力が育ちます。

遊び point
0歳児から見て楽しめるおもちゃです。ストローの色の組み合わせを変えると見え方も変わるので、いろいろ試してみて。

材料	道具
●ワイヤー（太さ1mm・40cm）…1本 ●紙コップ（60mL）…2個 ●プラスチックのストロー 　…3〜4色　各1本 ●割りばし…1膳	●ハサミ ●目打ち ●セロハンテープ ●ビニール袋 ●鉛筆

1
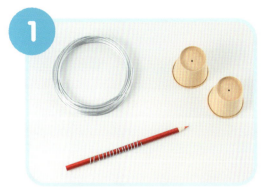
ワイヤーを鉛筆などにくるくる巻いて、バネのような形にする。

2

2個の紙コップの底面中央に目打ちで穴を開ける。バネの部分を割りばし程度の長さに伸ばし、片方の紙コップにワイヤーを通す。

3

カップの中に出ているワイヤーの先を、内側からテープでとめる。

4

ビニール袋の中で切ると散らばりにくい

ストローを3mm〜4mmくらいにカットする。

5

ストローがスムーズに落ちるか確認！

切ったストローをワイヤーに通していく。ストローがスムーズに落ちなければワイヤーを伸ばして調節する。

6

完成！

もうひとつの紙コップの穴にワイヤーの端を通し、割りばしの長さに合うように必要に応じてカット。❸と同じようにとめ、安定するよう両側に割りばしをテープで固定したら完成。

4章　集中して遊べるおもちゃ

風に吹かれたくなる！
やさしいお花のかざぐるま

シンプルなかざぐるまが
とってもかわいいお花に変身！

 制作時間：10分

知育 point
なぜかざぐるまは回るのか、なぜこの形なのかを考え、科学に触れるきっかけになります。

遊び point
風で遊ぶおもちゃなので、家だけでなく外に出て風で回してみるのも楽しい！

| 材料 | ●折り紙…1枚
●爪楊枝…1本
●曲がるストロー…1本
●ビーズ…1個 | 道具 | ●ハサミ
●のり
●ボンド
●マスキングテープ |

基本のかざぐるま ▶▶

※わかりやすく折り方を説明するため表裏色が違う紙を使用しています

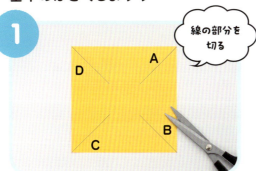

1 線の部分を切る

折り紙を三角に2回折って折り目をつけ、開いて中央を3cm残して切り込みを入れる。

2 ❶の折り紙の**A**と**C**を中心に寄せ、のりでとめる。

実際のアレンジ ▶▶

3 ❷と同じように**B**と**D**を中心に寄せ、のりでとめる。

4 風車の真ん中に、爪楊枝を1cm残すよう（爪楊枝の溝の部分まで）刺す。

5 角を丸くカットするだけで花びらのように！

爪楊枝の尖った先端2cm程度をハサミでカット。花の芯となる爪楊枝の部分にボンドでビーズを付け、折り紙の角を丸くカットする。

6 透けるタイプの折り紙を使うとやさしい雰囲気が出ます

完成！

ストローの折り曲げた部分の外側に、爪楊枝の先端をマスキングテープでしっかり巻き付けたら完成。

多彩なバリエーション
入れかえ簡単☆マグネット迷路

ウッドボックスの中に迷路を入れて、
磁石で裏から操って遊ぶおもちゃです。

⏰ 制作時間：20分

☆海の中の迷路

障害物をよけて
ゴールまで動かそう！

☆上級者向けの迷路の迷路

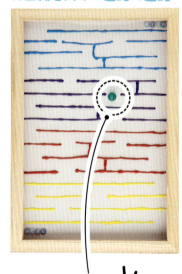

小さな磁石を
動かす迷路だよ

☆クリップと同じ色に入れる迷路

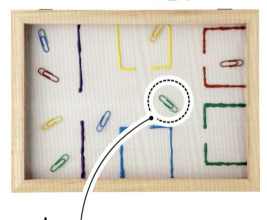

カラークリップを
動かして枠に入れよう

遊び point
「同じ色のクリップを集める」「上級者用迷路」など難易度を上げていろいろなシートを作って楽しみましょう！

知育 point
手先を使って磁石で裏から操るので巧緻性や集中力がUP。遊んだ後は全部のシートをBOXに片づけるので、お片づけの練習にもなります。

※小さい磁石はお子さまの誤飲にくれぐれもご注意ください。

| 材料 | ●クリアファイル…1枚〜
●油性の線が浮き出るペン
　（5色）…各1本
●マスキングテープ
●シール（ここでは海の生物のシール） | ●クリップ（コマ用）
●磁石（コマ用）
●磁石（操作用）
●ウッドボックス（29.7cm
　×21cm×2cm）…1個 | 道具 | ●油性ペン
●ハサミ |

集中して遊べるおもちゃ

1

ウッドボックスの大きさに合わせてクリアファイルをカットし、迷路になるシートを作る。

point

小さな磁石やクリップも、ボックスに収めて片づければなくしにくくて◎。

2

❶のクリアファイルにマスキングテープやシールを貼ったり、線が浮き出るペンで線をかいて、迷路を作る。

紙に下書きしてから
クリアファイルを
重ねて描くと簡単♪

クリップと同じ色の枠に入れる迷路。

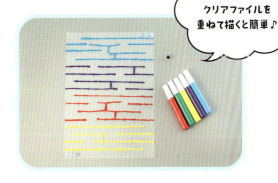

コマ用の小さな磁石が通れる幅で線をたくさんかけば、上級者迷路が完成。線の数で難易度を自由に変えられる。

マスキングテープと海の生物のシールを使った海の中の迷路。コマの磁石にもシールを貼るとより楽しい見た目に！

3 ❷をボックスに入れたら完成。クリアファイルの下に白い紙を敷くと、迷路が見やすくなる。

上手にお花を咲かせよう！
あじさいけん玉

けん玉の要領でペットボトルに
カップを乗せるとお花が咲いたように見えます。

制作時間：30分　**エコ素材** プリンやゼリーのカップ／ペットボトルキャップ／ペットボトル

カップにのせて
あじさいの花を咲かせてね！

知育 point
お花紙を丸めたり、ペタペタ貼り付けたりする部分は小さい子でもできるので、作るところから一緒に楽しめます。

遊び point
入るまであきらめないでチャレンジしてみよう。何個か作って、友だちとどっちが早く成功するか競争すると盛り上がります。

えいっ！

材料		道具	
●プリンやゼリーの空きカップ…1個		●両面テープ	
●お花紙（2色）…適量		●ハサミ	
●色画用紙（あじさいのガク用・葉っぱ用）…各1枚		●セロハンテープ	
●ペットボトル（280mL※参考）…1本		●ボンド	
●ひも（麻ひもや毛糸など）…40cm程度			
●ペットボトルキャップ…1個			

1　丸みのあるプリンなどの空き容器全体に、両面テープを貼る。

2　5cm大くらいにカットしたお花紙をくるくる丸めて、容器全体に両面テープで貼っていく。

3　小さく切った画用紙を4つ折りにし、1.5cmくらいのお花型になるようにカットして開く。

4　❸をいくつか作り、ボンドで❷に付ける。

5　葉っぱの形に切った緑色の画用紙に、葉脈となる折り線を入れてから開く。

6　葉っぱをペットボトルにテープで貼る。

7

ひもを40cmくらいにカットして、端の片方を❹の裏面にセロハンテープでしっかりと貼る。

8

やりやすい長さに
ひもを調整して

完成！

ひものもう片方をペットボトルに入れ、フタをきつく閉めたらできあがり♪

point

いろいろな色があるお花紙。ほかの色のあじさいを作ったり、季節に応じて桜やひまわりなど、たくさんの種類のお花を咲かせて楽しんでみてください。

ミニコラム 4

子どもが失敗したらどうする？

「工作には失敗はない」と思っているので、予定通りにできなくても本人が満足していればOK！　どんな仕上がりでも否定的なことは言わないようにしています。私から見たらよくできているものも、「味」として素敵に見える失敗も、本人が納得していないということがあります。その時は本人が納得するまで作り直させてあげることで、達成感が味わえるようにしています。

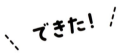
できた！

超簡単でキュートなフォルム
ビー玉のカラフル逆さゴマ

回すのにちょっとコツがいる逆さゴマですが、
これは、ビー玉をくっつけただけの簡単さが魅力。

🕐 制作時間：5分

4章 集中して遊べるおもちゃ

材料　●ビー玉…4個
道具　●ボンド

回りながら逆さに立つよ！

回るまでがんばって！

クルクルクルクルクル〜

やった！回った!!

知育 point
観察力や指先の巧緻性の成長も期待できるシンプルでいて奥深いコマです。

遊び point
まずは大人が見本を見せて、コツを教えてあげましょう。逆さゴマは思いっきり回転をかけと回りやすくなります。

1

違う色で組み合わせるとさらにキュート！

4つのビー玉を2つずつボンドで接着させる。

2

完成！

❶を交差するように重ねボンドで接着し、しっかりと乾かしたら完成！

※ビー玉は小さいお子さまの誤飲にご注意ください。

根気よくできるかな？
マグネットクレーンのリング通しゲーム

磁石でカップ内のクリップを操りながら、
チェーンリングをストローに通すよ！

 制作時間：20分

リングをストローに通そう！

磁石で
クリップ＆リングを
持ち上げてね

知育 point
操作する磁石を斜めにしたり、カップに沿わせたりしてクリップを操るので、空間認知力、集中力、指先の器用さを育みます。

遊び point
クリップを操って、リングを動かすのは大人でもなかなかむずかしいもの。ストローの色とリングの色を合わせて通せば難易度がUPします。

※小さい磁石はお子さまの誤飲にくれぐれもご注意ください。

材料	道具
●コンビニのパスタサラダの空き容器…1個 ●クリップ…適量 ●チェーンリング（5色）…各適量 ●プラスチックストロー（色違い5本）…各1本 ●磁石（操作用）…1個	●ハサミ ●セロハンテープ

1

> 長さを変えたり、曲がる部分を使ったりいろいろ試して！

ストローを容器の深さより短く（3.5～5.5cmくらいに）カットする。

2

❶の下の部分に1cmほど十字に切り込みを入れて開く。

3

フタの好きな位置に、ストローをテープで貼り付けていく。

4

> ストローの長さにあわせて、リングを2個つけてもOK！

リングにクリップを付ける。リングとクリップは同じ色でそろえる。

5

完成！

クリップを付けたリングをカップの中に入れてフタを閉めたら完成。外側から磁石で操って、リングをストローに通そう！

point

コンビニで売っているサラダパスタ用の空き容器が遊びやすく、おすすめ。似たような形状のプラ容器を使用する場合は、サイズに合わせてストローの長さを調整してください。

4章 集中して遊べるおもちゃ

柄が全部そろうかな？
キューブ・パズル

牛乳パックで作る頭脳系おもちゃ。
2種類の柄の立体パズルを完成させよう！

🕐 制作時間：20分　　エコ素材　牛乳パック

全ての面を同じ柄にそろえながら…

箱型に変形できたら成功！

知育 point
分解した形から箱型に変形するのがふしぎ。実際に手を動かして箱型にすることで図形感覚が身に付き、想像力や集中力も伸びていきます。

遊び point
上手にできるようになってきたら、柄がそろうまでタイムアタックしてみましょう！

こうかな？

| 材料 | ●牛乳パック…1本
●折り紙（2柄） | 道具 | ●ハサミ
●両面テープ
●OPPテープ
●セロハンテープ |

牛乳パックを開いて、飲み口と底の部分を切り取る。

高さが3等分になるようにカットする。

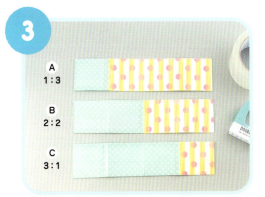

2種類の折り紙を写真のように両面テープで貼り付け、摩擦で劣化するのを防ぐため透明のOPPテープを貼る。

AとCを四角になるようにテープでつなぐ。

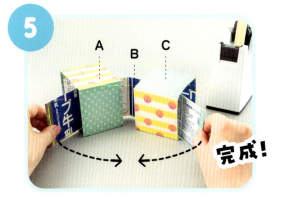

AとCの四角にBを通してテープでつないだら完成！

point

パズルの柄は、折り紙を貼らずに1:3、2:2、3:1で○や△を描くだけでもOK！

転がるビーズをコントロール！
ゆらゆらストロートンネル

刺しゅう枠をゆっくり傾けて、同じ色のビーズをストローに通せるようチャレンジ！

 制作時間：30分

動き回るビーズを上手に転がして！

シャラ♪

シャラ

知育 point
ビーズをストローに通すには刺しゅう枠を慎重に動かすのがポイント。ビーズの動きを想像しながら動かすことで想像力、バランス力が身につきます。

遊び point
見た目よりもハラハラドキドキするおもちゃ。お出かけにも持って行きやすく、飽きずに遊べます。

材料		道具	
●刺しゅう枠（18cm）…1個		●ハサミ	
●クリアファイル（A4）…1枚		●両面テープ	
●保存用の厚手のビニール袋（透明）…1枚		●ボンド	
●タピオカ用プラスチックストロー（4色）…各1本		●油性ペン	
●ビーズ（4色）…適量　●フレークシール…適量			

1. 刺しゅう枠の内枠を外し、外枠の上にビニールを置いて内枠をはめる。

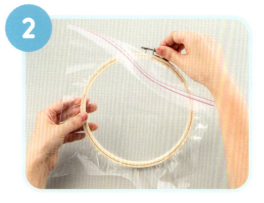

2. ビニールがずれないよう、しっかりネジを締めて固定する。

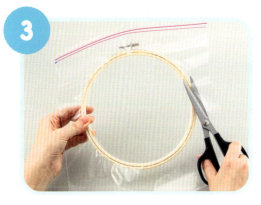

3. 枠からはみでたビニールをハサミでカットする。

4. 4色のストローをそれぞれ好きな長さにカットする。

5. ❹を両面テープでビニールの好きな位置に貼り付ける。

6. ストローに通る大きさのビーズを枠の中に入れる。

7

ビーズと一緒に動くのがおもしろい

フレークシールも枠の中に入れる。

8

クリアファイルを枠の大きさにカットする。

9

クリアファイルを❼の刺しゅう枠にボンドで貼り付けたらできあがり。

完成！

工作 point

フレークシールはなくても遊べますが、星や動物など好きなものを選んで入れるとビーズといっしょに動くのでとてもおもしろく、さらに楽しく遊べます。

ミニコラム 5
子どもが飽きずに遊べるコツは？

乳幼児は「玉を入れるだけ」のような単純な動きを何度も繰り返し集中して遊びます。
大きくなると遊ぶときに少しコツが必要で、すぐにはうまくできないものほど集中して遊ぶことも。年齢によってハマるおもちゃは変化していくので、その時々に合ったもので遊ばせてあげられたらと思います。

シャラ♪ シャラ♪

記憶力UPの釣りゲーム
覚えて釣って数合わせ

「数字カード」に書かれた数字を覚えて
順番通りに数字を釣っていこう！

 制作時間：20分　　**エコ素材**　ペットボトルキャップ／割りばし

4章　集中して遊べるおもちゃ

材料
- ペットボトルキャップ…6個
- 強力磁石…7個
- 割りばし…1膳
- ひも…20cm程度
- 花形パレット…1個
- 丸シール…6枚
- ミニカード…数枚

道具
- セロハンテープ
- グルーガン
- 油性ペン

カードに書かれた数字を順に釣ろう！

磁石でピタッ！

1

磁石にひもを巻きつけて、テープでしっかりとめる。ひもの端を割りばしに貼って釣り竿のようにする。

2
釣り竿の磁石に付く向きになるよう注意！

キャップの内側にグルーガンで磁石を付ける。

3

完成！
キャップに数字を書いた丸シールを貼る。ミニカードに数字を書いて「数字カード」を作ったら完成！

知育 point
数字を覚えたらカードを裏返して、一気に釣っていきます。記憶力だけでなく、釣り竿を使うので巧緻性や集中力がUP。

遊び point
まだ数字がわからない場合は、キャップは数字ではなく果物や動物の絵にするとチャレンジしやすくなります。

※小さい磁石はお子さまの誤飲にくれぐれもご注意ください。

どこに落ちてくるかわからない！
ドキドキ☆ビーズキャッチ

すり抜けて落ちてくるビーズを
こぼれないようにひしゃくでキャッチしよう！

制作時間：30分　エコ素材　紙コップ

カタ♪　コト♪　カタ♪　コト♪

ひしゃくでキャッチ！

知育 point
ビーズが落ちてくる速さや位置を予想して、ひしゃくを動かす動作から先を読む力や、空間認知力、判断力が育ちます。

遊び point
ひとつずつ自分で転がしても楽しいけれど、おうちの人にたくさんのビーズを一気に転がしてもらってキャッチするのも楽しい。

※ビーズやおはじきは小さいお子さまの誤飲にご注意ください。

材料		道具
●カッティングボード（15㎝×28㎝※参考）…1個 ●木製ピンチ…3個 ●ビーズ（大）…適量 ●ビーズ（中）…適量	●木製スティック（11.3㎝）…5本 ●紙コップ（60mLひしゃく用）…1個 ●高さを出す台（紙コップや積み木など）…適量	●ボンド ●カッター

1 カッティングボードの表面に、木製ピンチを貼り付ける。ビーズが転がるように角度をつける。

2 スティック4本を2本ずつボンドで貼り合わせる。カッティングボードの両端に貼り付けて、ガードを作る。

3 ❷にビーズ（大）をボンドで貼り付ける。写真のようにずらして配置していく。

4 紙コップをカットするなど深さを調整し、底の近くに切り込みを入れる。スティックを差し込みボンドで固定。キャッチ用のひしゃくを作る。

5 傾斜を作るものにのせたら完成。ビーズをキャッチする部分の高さはひしゃくが入る隙間を開けるように調整を。

point

傾斜をつけるには大きい紙コップと小さい紙コップを組み合わせたり、家にある積み木などを使えばOK！ 角度をいろいろ変えて、落ちる速度や転がり方を楽しんで。

想像力で勝負！
中身が見えない迷路

ボックスを傾けて迷路を想像しながら
ゴールをめざそう！

 制作時間：30分

音を聞いて
ビー玉がどこにあるか
考えよう

コトン

コトン

ビー玉を
ここから
入れて

ゴールは
ここ！

どこかな〜？

知育 point

コトンと当たる音を頼りに、迷路を想像して根気よく進めていきます。何度もやるうちに想像力が高まって聴覚も鍛えられそう♪

遊び point

中に入れるビー玉を2つにすると難易度がアップ。誰が一番早くゴールできるか競争するのも楽しいです。

※ビー玉は小さいお子さまの誤飲にご注意ください。

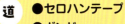

材料	●木製トレイ（約14.8×19.8×3.5㎝）…1個 ●木製スティックA11.3㎝…27本（装飾用以外） ●木製スティックB14㎝…21本（装飾用以外） ●ビー玉…1〜2個	道具	●セロハンテープ ●ボンド

1

スティックAを3本を並べてテープで貼り合わせ、同じものを7つ作る。

2

迷路は自由に作ってね！

❶をトレイにボンドで貼り、見えない部分の迷路を作る。

3

補強と高さ調節のため、横にスティックAを6本ボンドで張り付ける。

4

さらにスティックBを縦に5本ボンドで貼り付ける。

5

反ってしまう場合は、ボンドが乾くまで、クリアファイルに挟んでテープで貼っておさえておくのがおすすめ。

迷路を隠すフタ用に、スティックBを横に16本並べ、ボンドで貼り合わせる。裏面の強度を出すため、テープを裏全体に貼っておく。

6

完成写真のようにスティックを増やして飾ってもOK

完成！

ボックスに❺のフタをボンドで貼り付けて、迷路部分を隠したら完成。スタートやゴールの周りにスティックを貼って、見えない部分を増やしても楽しい。

ちゃんと絵を完成できるかな？
絵合わせスティックパズル

ペアで絵が完成するスティック型のパズル。
ペアを増やすと難易度アップ！

制作時間：15分　　**エコ素材**　ペーパー芯

材料
- ペーパー芯…2本
- 磁石…2個
- 絵合わせ用シール…1枚

道具
- 両面テープ
- ビニールテープ（白）
- ハサミ

2本合わせて絵が完成！

ピタッ！

知育 point
作り方は簡単！ 何本も作ってたくさんのペーパー芯の中から同じものを見つけ、ひらめき、直感力を育てましょう。

遊び point
絵をそろえ磁石でピタッとそろう感覚がおもしろい。違うものを組み合わせてしまっても「おかしな絵」ができあがって笑い声がたえません。

point
子どもが描いた絵を半分に切って貼ったり、動物のシールを半分にしたり、いろいろなモチーフで作ることができます。

ペアになるペーパー芯がくっつくよう磁石の向きを確認！

1 ペーパー芯の内側の真ん中に両面テープで磁石を貼り付ける。

2 磁石が見えなくなるよう、白のビニールテープを貼る。

3 ペーパー芯に絵やシールなどを半分にカットして、1本に半分ずつ貼り付ける。ペアをいくつか作れば、パズルが完成

完成！

※小さい磁石はお子さまの誤飲にくれぐれもご注意ください。

Q. 子どもの工作を どこまで手伝っていますか?

A. 子どもと一緒におもちゃを作っていると、親がやってしまった方が早いなと思うことが多々あります。

でも、「できた!」という達成感を味わってほしいので、どんな年齢でも自分でできることは、やってもらいたいと思っています。
もちろん、本人の「やりたい」という気持ちも大切にしたいと考えていて、我が家の三女(幼稚園児)にも、危険がないか見守りながら、本人がやりたいことをやらせています。

小学校低学年の次女が「手伝ってほしい」と言ってくる時は、本人がどうしてもできなかった後にだけ、手を出すようにしています。
それまで、子ども同士であーでもない、こーでもないといろいろ試していることが多いようで、そういうプロセスが大切ですよね。

本書のP74「お花の万華鏡」の場合なら、リボンテープを切るのは私か高学年の長女が担当。
小さい子はリボンを貼るだけでも大変なので、小学校高学年ならお任せしますが、低学年は間違えないよう声をかけながら見守りますし、幼稚園児はリボンの色を一緒に選んだり、ビーズを乗せるだけなど簡単なお手伝いをやってもらいます。

きれいに貼れた!

おうちにあるもので作ってみよう!!

索引

おうちにある普段捨ててしまうことが多い素材を使って、手作りおもちゃを作ってみてくださいね！ 紙コップ・紙皿・割りばしは、たくさん買ったときのあまりなど、未使用のものを使ってください。

牛乳パック

- コロコロタワー ……………… 16
- ビー玉ハンドル迷路 ………… 20
- ビー玉アスレチック ………… 44
- じゃらじゃらプレート ……… 58
- カスタネットくまさん ……… 64
- キューブ・パズル …………… 96

空き箱

- ぴょんぴょんシューティング …… 40
- ピンポン・デリバリー ……… 42
- マグネットホッケー ………… 46
- くねくね迷路 BOX …………… 49
- サプライズ BOX ……………… 62

ペーパー芯

- あちこちボウリング ………… 30
- くねくね迷路 BOX …………… 49
- 絵合わせスティックパズル …… 106

ペットボトルキャップ

- ポンポン・シューター ……… 26
- ぴょんぴょんシューティング …… 40
- ピンポン・デリバリー ……… 42
- ビー玉アスレチック ………… 44
- カップ de バスケット ……… 48
- カップ型クリップシュート …… 52
- 円盤型クリップキャッチ …… 54
- カスタネットくまさん ……… 64
- 数並べパズル ………………… 66
- クルクル回れ！ゼリーカップゴマ …… 68
- あじさいけん玉 ……………… 90
- 覚えて釣って数合わせ ……… 101

ペットボトル

- クルクル回れ！ゼリーカップゴマ …… 68
- あじさいけん玉 ……………… 90

ミニゼリーカップ

- 起き上がりローリング …………… 29
- クルクル回れ！ゼリーカップゴマ … 68

紙コップ

- クルルン紙コップ ………………… 18
- 紙コップ飛行機 …………………… 22
- 無限∞ビー玉転がし ……………… 24
- ポンポン・シューター …………… 26
- ぐるぐるビー玉サーカス＊ ……… 28
- あちこちボウリング＊ …………… 30
- ２WAY ワンダーカップ ………… 34
- ぴょんぴょんシューティング＊ … 40
- カップ in カップ玉入れ＊ ……… 50
- サプライズ BOX ＊ ……………… 62
- プッシュ de ポットンタワー …… 70
- クルルン！花はじき ……………… 72
- いろどりスパイラル＊ …………… 84
- ドキドキ☆ビーズキャッチ＊ …… 102

＊印のついたおもちゃは、紙コップのサイズが 205mL とは異なりますので、ご注意ください。詳しいサイズは、それぞれのページにある「材料」をご確認ください。

プリンやゼリーのカップ

- あじさいけん玉 …………………… 90

紙皿

- コロコロタワー …………………… 16
- 無限∞ビー玉転がし ……………… 24
- 円盤型クリップキャッチ ………… 54
- プッシュ de ポットンタワー …… 70

割りばし

- ポンポン・シューター …………… 26
- ビー玉アスレチック ……………… 44
- マグネットホッケー ……………… 46
- いろどりスパイラル ……………… 84
- 覚えて釣って数合わせ …………… 101

おわりに

お子さんと一緒に手作りおもちゃを作って遊んでみていかがでしたか？

子どもの年齢によって親の関わり方は変化します。
幼児のころに作ってあげて一緒に遊んだおもちゃを、小学生になった子どもが自分で作れるようになるなど、成長とともに子どもの「できた！」に寄り添えるのが工作だと思います。
子どもと過ごせる時間は、長いようであっという間に過ぎていきます。
このかけがえのない時間を大切に過ごしたいですよね。

家事や育児、仕事にと忙しい日常の中で、「何か子どもにしてあげたい」、「子どもと一緒にできることはないかな」と思った時に、簡単にできて楽しめる手作りおもちゃのアイデアが少しでも参考になれば幸いです。

何よりもこの本を読んでくださった方が「これならできそう！」と工作に対するハードルが下がって、手作りおもちゃを通して、子どもも自分も笑顔になるような楽しい時間が作れたらうれしく思います。

最後に、いつもInstagramで応援してくださっているみなさん、初の書籍化に協力してくださったみなさん、そして家族の協力もあって、こうしてたくさんの方に本をお届けすることができました。
心から感謝しています。

シルク

シルク

工作が大好きな3児の母。日々忙しく過ぎる中で、子どもとの時間を大切にしたいと考え、手作りおもちゃの制作を開始。おうち遊びや手作りおもちゃの作り方などをSNSで紹介したところ、「簡単でマネしやすい!」「身近な材料だけだから手軽!」「工作の宿題にも使える!」と話題に。
Instagramフォロワーは20万人を突破（2025年2月現在）。人気の投稿は400万回再生、3万いいねを超えるなど注目を集めている。

Instagram　@silk_haru3mama
YouTube　@silkouchiasobi
TikTok　@silk_haru3mama

指先を使って感覚が育つ! 親子で夢中になる!
3歳から小学生のおうちこうさく

2025年3月10日　初版発行

著者／シルク
発行者／山下　直久
発行／株式会社KADOKAWA
　　〒102-8177　東京都千代田区富士見2-13-3
　　電話 0570-002-301（ナビダイヤル）
印刷所／TOPPANクロレ株式会社
製本所／TOPPANクロレ株式会社

本書の無断複製（コピー、スキャン、デジタル化等）並びに無断複製物の譲渡および配信は、著作権法上での例外を除き禁じられています。また、本書を代行業者等の第三者に依頼して複製する行為は、たとえ個人や家庭内での利用であっても一切認められておりません。

●お問い合わせ
　https://www.kadokawa.co.jp/　（「お問い合わせ」へお進みください）
　※内容によっては、お答えできない場合があります。
　※サポートは日本国内のみとさせていただきます。
　※Japanese text only

定価はカバーに表示してあります。
©silk 2025 Printed in Japan
ISBN 978-4-04-607339-6　C0037